RÉGIE NATIONALE
DE L'ENREGISTREMENT
DES DOMAINES
ET DROITS RÉUNIS.

Ordres généraux de Régie.

JANVIER 1792.

ORDRES GÉNÉRAUX DE RÉGIE.

ARTICLE PREMIER.

SURNUMÉRAIRES.

NUL ne pourra être admis surnuméraire qu'après avoir rapporté l'expédition en forme de l'acte civil de sa naissance, pour justifier qu'il a 18 ans accomplis, et un certificat d'un notaire, ou d'un homme de loi, ou d'un avoué, qui attestera qu'il a travaillé au moins un an auprès de lui. Conditions pour être admis surnuméraire.

Seront admis, sans ce préalable, jusqu'au 8 mars 1796, les employés des régies, fermes et administrations réduites ou supprimées, conformément à l'art. XVII de la loi du 27 mai 1791. Exception en faveur des employés supprimés.

ART. II.

L'ordre d'admission ne sera exécuté, que lorsque le surnuméraire aura souscrit, au pied d'une copie de cet ordre, la soumission de ne prétendre aucuns émolumens pendant la durée de son surnumérariat, sauf le cas prévu par l'art. LIII de la loi du 27 mai 1791. Soumission.

ART. III.

Le tems du surnumérariat sera compté seulement du Admission.

jour de l'entrée en activité, certifié au pied de l'ordre d'admission par le receveur, dans le bureau duquel le surnuméraire aura été placé.

ART. IV.

Assiduité et cas d'absence.

Les surnuméraires seront assidus au bureau aux heures fixées par la loi pour les receveurs; ils ne pourront s'absenter pendant plus de quinze jours et sans un congé par écrit du directeur du département, à peine d'être rayés du tableau et de ne pouvoir y être rétablis qu'en perdant leur rang. Ils ne pourront aussi travailler dans un autre bureau que celui qui leur aura été indiqué, sans y être autorisés par l'administration.

ART. V.

Travail et subordination.

Le travail des surnuméraires sera déterminé par le receveur, d'après le degré d'aptitude qu'il leur aura reconnu; ils seront, sous ses ordres immédiats, *tenus à la subordination* envers les préposés supérieurs de la régie.

ART. VI.

Discussion relative aux perceptions.

Toute discussion, relative aux perceptions avec les contribuables et officiers publics leur est interdite, excepté les cas où ils suppléeroient le receveur.

ART. VII.

Signature.

Ils ne signeront aucune relation ou quittance, même

en cas d'absence ou de maladie de receveur, sans y avoir été autorisés par écrit et sans avoir prêté serment devant les Juges du district de leur résidence.

ART. VIII.

Avancement.

Aucun surnuméraire ne sera pourvu d'un emploi que sur le compte rendu, de son assiduité et de son travail, par le receveur et par les employés supérieurs, et seulement après l'âge de 21 ans accomplis.

ART. IX.

RÉGIE INTÉRIEURE.

Points de discipline générale.

RECEVEURS.

Conditions.

Nul ne pourra être nommé receveur sans avoir travaillé précédemment en qualité de surnuméraire.

ART. X.

Incompatibilité.

Il y a incompatibilité entre les fonctions de receveur de la régie de l'enregistrement et celles de député aux législatures, membre des directoires des départemens et districts, maire, officier municipal, juge, commissaire du roi, accusateur public, trésorier de district, notaire public, greffier, avoué et huissier.

ART. XI.

Résidence.

Leur résidence ne pourra être établie ailleurs que dans le chef-lieu de l'arrondissement de leur bureau.

ART. XII.

Serment. Les receveurs, avant d'exercer leurs fonctions, seront tenus de prêter serment au tribunal du district dans le ressort duquel leur bureau sera placé, et d'envoyer, à leur directeur, une expédition en forme de l'acte de prestation.

ART. XIII.

Cautionnement. Ils ne feront aucune recette qu'ils n'aient préalablement fourni, à la régie, un cautionnement en immeubles sur le pied fixé par l'art. X de la loi du 27 mai 1791.

ART. XIV.

Assiduité. Ils seront assidus à leur bureau, quatre heures le matin et quatre heures l'après-midi, et les heures de séance seront affichées à la porte du bureau.

ART. XV.

Cas d'absence. Ils ne pourront s'absenter sans un congé par écrit de la régie et sans avoir fait agréer par le directeur celui qu'ils auront désignés pour les remplacer, des faits duquel ils seront responsables et qui, avant d'entrer en fonctions, prêtera le serment requis par la loi.

Si l'administration, à raison de l'importance du bureau ou par tout autre motif, juge à propos de les faire suppléer par un employé supérieur ou par un surnuméraire, ils seront, dans ce cas, privés de leurs remises après quinze jours d'absence.

ART. XVI.

Les receveurs seront subordonnés aux employés supérieurs de la régie, exerçans leurs fonctions dans le département où leur bureau sera établi ; ils s'attacheront à mériter la confiance de leurs concitoyens par une gestion irréprochable, et par leur soumission aux autorités constituées.

Subordination.

ENREGISTREMENT *des actes, etc.*

ART. XVII.

Ils seront tenus de lire les actes en entier, avec la plus grande attention, avant de les enregistrer, sans permettre, dans aucun cas, que les notaires, greffiers, huissiers ou autres, leur en dictent les dispositions.

Lecture des actes.

Lorsque cette lecture leur donnera l'indication de quelques droits négligés ou recelés, ils en consigneront sur-le-champ les articles sur le sommier des découvertes prescrit ci-après.

Consignation des articles de découvertes.

ART. XVIII.

Ils ne doivent jamais, pas même dans le cas de contravention, excepté ceux prévus par les articles XXIV, XXV, XXVI et XXVII ci-après, différer d'enregistrer les actes sujets à la formalité, à mesure qu'ils leur seront présentés et que les droits leur en auront été payés.

Obligation d'enregistrer les actes à mesure qu'ils sont présentés.

ART. XIX.

Il leur est défendu de suspendre le cours des procédures en retenant aucuns actes ou exploits.

Défense de suspendre le cours des procédures.

Ils pourront seulement, dans les vingt-quatre heures de la présentation, tirer une copie ou se procurer la collation, soit d'un acte dont il n'y a pas de minute, soit d'un exploit qui contiendroit des renseignemens dont la trace pourroit être utile.

ART. XX.

Tout titre qui sert de base à un acte public, ou à une demande juridique, doit être préalablement enregistré.

Ils doivent, avant d'enregistrer aucun acte public, ordonnance préparatoire ou exploit, s'assurer si le titre qui sert de fondement aux demandes ou dispositions, a été préalablement enregistré conformément à la loi ; en cas de contravention, ils décerneront contrainte à l'effet de faire payer deux fois le montant des droits résultans de l'acte qui n'aura pas reçu la formalité de l'enregistrement.

Exception en faveur des billets à ordre ou au porteur.

Les seuls billets à ordre ou au porteur peuvent être enregistrés en même-tems que le protêt, suivant l'art. IX de la loi additionnelle du 9 octobre 1791.

ART. XXI.

Défense d'enregister aucuns actes d'officiers domiciliés hors de l'arrondissement.

Ils n'enregistreront point d'actes passés devant des notaires et autres officiers publics résidans hors des limites de leur bureau, à l'exception des exploits et actes des huissiers, lorsqu'ils auront été faits dans l'étendue de leur arrondissement, à peine de restitution des remises, de tous frais, dommages et intérêts, indépendamment du parti ultérieur que les circonstances pourroient exiger de prendre contre eux.

ART. XXII.

Défense d'enregistrer à la marge des registres, etc.

Ils ne pourront, sous aucun prétexte et sous toutes les

peines de droit, enregistrer aucun actes, exploit ou déclaration à la marge de leurs registres, dans des cases contenant des arrêtés, ni par forme de mémoire sur des registres, cahiers ou feuilles particulières.

Il en sera de même de toutes espèces de recettes ; ils les enregistreront dans la forme prescrite au moment même où elles seront faites, quel qu'en soit l'objet, et soit qu'elles dérivent d'un payement à-compte ou d'un payement final.

Les payemens par forme d'à-compte doivent être enregistrés comme toutes les autres recettes.

ART. XXIII.

Il leur est également défendu de faire aucunes ratures dans leurs enregistremens ; ils pourront seulement, en cas d'erreur, rayer des mots, mais de manière qu'on puisse les lire, et ils approuveront la radiation en énonçant le nombre des mots rayés.

Défense de faire aucunes ratures dans les enregistremens.

ART. XXIV.

Ils n'enregistreront aucune expédition d'actes judiciaires, quels que soient les tribunaux dont ils émanent, sans vérifier si l'on s'est exactement conformé à l'art. VII de la loi du 11 février 1791, en ce qui concerne le nombre des lignes que chaque page doit contenir, compensation faite d'une page avec l'autre ; et, en cas de contravention, ils rapporteront procès-verbal, pour faire condamner les contrevenans à l'amende de 50 livres, prononcée par l'art. XIII de la même loi.

Vérifications à faire du nombre des lignes, avant d'enregistrer aucune expédition d'actes judiciaires.

ART. XXV.

Ils n'admettront également à l'enregistrement, à peine

Défense d'enregistrer aucuns

actes, exploits, etc., si les pièces servant de base n'ont pas été timbrées régulièrement.

de 50 liv. d'amende, conformément aux articles XIII et XIV de la loi du timbre, du 11 février 1791, aucun acte, exploit, signification, et autres actes de poursuites, en exécution d'expéditions délivrées par des notaires; aucuns billets à ordre ou au porteur, ni aucuns protêts de lettres-de-change ou mandemens de payer, avant de s'être rendus certains si tous ces actes et expéditions ont été timbrés du timbre auquel ils sont assujettis.

Art. XXVI.

Vérifications relatives à la formalité du timbre.

Ils veilleront en même-tems à ce qu'il ne soit employé, pour minute ou expédition, aucuns papiers qui aient déjà servi, quand même les écritures biffées n'auroient été que commencées sans être suivies d'aucunes signatures;

A ce que l'empreinte du timbre ne soit couverte d'aucune écriture, ni altérée;

A ce qu'il ne soit fait ni expédié deux actes à la suite l'un de l'autre, sur la même feuille, sauf les exceptions portées par l'art. IX de la loi du 11 février 1791.

En cas de contravention à ces différentes dispositions, ils auront soin d'en rapporter procès-verbal.

Art. XXVII.

Défense d'enregistrer aucun acte ni exploit relatif à l'exercice d'une profession avant l'exhibition de la patente.

Ils n'admettront également à l'enregistrement, à peine de 50 livres d'amende, et de 500 livres en cas de récidive, aucun acte civil ou judiciaire, aucun exploit, non plus qu'aucun acte sous signatures privées, relatif à l'exercice d'une profession soumise à la patente, si la patente en original

original ou en expédition prescrite pour l'exercice de la profession à laquelle se rapportent lesdits actes ou exploits, n'est représentée, conformément à l'art. XXII de la loi du 2 mars 1791 ; et pour en justifier, les receveurs feront mention *de la date de la patente* dans leurs enregistremens.

Art. XXVIII.

Ils sont tenus, aux termes de l'art. VI de la loi du 16 octobre 1791, à peine de destitution, d'arrêter et de remettre au commissaire du roi du tribunal dans le ressort duquel leur bureau est établi, les actes *qui leur seroient présentés*, et qui, à dater du jour de la publication de ladite loi, contiendroient quelques-uns des titres et qualifications abolis par la constitution.

Défense d'enregistrer aucuns actes, contenant des titres ou qualifications abolis.

Art. XXIX.

L'enregistrement doit être clair et précis, tel qu'à la lecture on connoisse ses véritables dispositions, sans être obligé d'avoir recours à l'acte pour juger si la perception est conforme à la loi. Les receveurs auront l'attention, relativement aux contrats de mariage passés devant notaires, d'énoncer s'ils l'ont été avant ou après la célébration.

Formes de l'enregistrement.

Au surplus, toutes les dispositions de l'acte seront rappellées par extrait et dans un même contexte, soit qu'elles donnent ou non ouverture à des droits particuliers ; et lorsqu'une seule case ne suffira pas, le receveur en employera autant qu'il sera nécessaire, en les liant par une accolade.

Différences essentielles à faire relativement à l'enregistrement des actes sous signatures privées, ou passés en pays étrangers.

Il y aura deux distinctions essentielles à faire ; l'une relativement aux actes sous signatures privées, ou passés en pays étranger, et l'autre à l'égard des exploits : les premiers doivent être enregistrés d'une manière très-circonstanciée, attendu la difficulté et quelquefois même l'impossibilité de s'en faire rapporter la minute, si elle étoit nécessaire pour vérifier la régularité de la perception. Ce sera le cas alors d'user de la faculté accordée par l'art. XVII de la loi du 19 décembre 1790, et rappellée ci-devant, art. XIX. A défaut par les receveurs d'avoir pris cette précaution, ils seront responsables des dommages qui pourroient en résulter pour la régie. Il suffira, quant aux exploits sujets seulement au droit fixe, d'indiquer leur date, les noms de baptême et de famille, profession et domicile des demandeurs et défendeurs, le nom et la résidence de l'huissier, et de faire connoître l'espèce de l'exploit.

Mention du nombre des rôles et des renvois.

Dans tous les enregistremens, il sera fait mention du nombre des rôles de minutes ou d'expéditions, et de celui des renvois qui contiendront les actes enregistrés.

Somme des droits de chaque disposition écrite en toutes lettres.

La somme du droit de *chaque disposition* sera écrite en toutes lettres, et tirée hors ligne, en chiffres, à la marge droite du registre.

ART. XXX.

Paraphe des rôles et renvois.

Les receveurs parapheront chaque rôle ainsi que chaque renvoi approuvés des parties contractantes.

ENREGISTREMENT *des donations entre-vifs.*

ART. XXXI.

Formalité de l'insinuation conservée.

L'article Ier de la loi du 19 décembre 1790, ordonne que la formalité de l'insinuation sera donnée aux actes qui exigent la publicité, ainsi qu'il est prescrit par l'art. XXIV du décret de l'assemblée nationale, des 6 et 7 septembre 1790.

Cet article porte que les contrats assujettis à l'insinuation, au sceau ou à la publication, seront aussi provisoirement insinués, scellés et publiés près le tribunal du district, dans l'arrondissement duquel les immeubles qu'ils auront pour objet, seront situés.

L'application de ces dispositions ne doit être faite qu'aux actes sujets à l'insinuation, à peine de nullité, en conformité de l'ordonnance et de la déclaration du mois de février 1731, qui subsistent toujours dans leur entier, avec la seule différence que les tribunaux de district sont substitués aux ci-devant bailliages et Sénéchaussées ; et qu'à l'égard de la perception, elle est réglée par la loi de l'enregistrement, du 19 décembre 1790.

Art. XXXII.

Registre de forme.

Les receveurs établis près les tribunaux de district tiendront, en conséquence, un registre de forme pour la transcription légale des donations entre-vifs ; et ce registre sera coté et paraphé par le principal officier du siége, conformément aux ordonnance et déclaration citées.

Art. XXXIII.

Bureaux où la formalité doit être donnée.

La formalité de l'insinuation doit être donnée lorsqu'il y aura lieu, tant au bureau établi près le tribunal du district du domicile des donateurs, qu'à celui de la situation des immeubles, en observant que, lorsque la formalité est donnée dans un autre bureau que celui de la résidence du notaire, la perception doit être faite seulement sur le pied réglé par l'art. VI de la quatrième section de la troisième classe du tarif.

Art. XXXIV.

Dépôt du registre chaque année.

Le registre de transcription des donations ne pourra servir que pour une année. Le receveur aura soin de le faire clore, le 31 décembre, à la suite du dernier enregistrement, et de le déposer au greffe du tribunal dans les quatre mois de l'année suivante. Il adressera ensuite et sans délai, à son directeur, le procès-verbal du dépôt, signé du greffier.

ENREGISTREMENT *des déclarations des héritiers, légataires, etc.*

Art. XXXV.

Suivant l'art. II de la loi du 19 décembre 1790, les déclarations doivent être faites,

Héritiers en ligne directe et collatérale substitués, etc.

1°. Par tous nouveaux possesseurs de biens-immeubles réels ou fictifs, en propriété ou usufruit, par succession, substitution et legs, soit en ligne directe, soit en ligne collatérale.

Donataires éventuels.

2°. Par les donataires et légataires qui recueillent des biens immobiliers et *mobiliers*, par l'effet de dispositions éventuelles.

Survivans des époux.

3°. Par les survivans des époux, à raison des biens mobiliers et immobiliers, qui leur sont échus en vertu des clauses de leurs contrats de mariage, des dispositions des loix et coutumes, ou autrement,

4°. Enfin, par tous nouveaux propriétaires de biens immeubles réels ou fictifs, à quelque titre que ce soit, lorsque la mutation n'est point opérée par un acte en forme ou sous signature privée, duement enregistré. Nouveaux possesseurs par conventions.

Sont exceptés seulement les usufruits résultans de la simple puissance paternelle, aux termes de l'art. Ier, de la loi additionnelle du 9 octobre 1791.

Art. XXXVI.

Les déclarations seront enregistrées, savoir, pour les immeubles réels au bureau, dans l'arrondissement duquel les biens seront situés, et pour les immeubles fictifs au bureau établi près le domicile du dernier possesseur. Bureaux où les déclarations doivent être enregistrées.

Art. XXXVII.

Les receveurs auront attention, en rédigeant les déclarations, d'y établir les noms de baptême et de famille de tous les héritiers, légataires et donataires, leurs demeures et professions, la date du décès des personnes dont les successions donnent ouverture aux droits : cette date sera affirmée, sous les peines de droit, par les déclarans, toutes les fois qu'ils ne représenteront pas les extraits de sépulture. *Mode des déclarations.*

Art. XXXVIII.

Si la déclaration est faite par un fondé de pouvoir, sa qualité sera établie, et la procuration, de lui certifiée véritable, demeurera annexée au registre, et mention en sera *Si la déclaration est fournie par un fondé de pouvoir.*

faite dans la déclaration : si la procuration est sous signature privée, elle doit être sur papier timbré, mais l'enregistrement n'en sera pas exigé,

ART. XXXIX.

Si la déclaration est fournie par un nouveau possesseur dont le titre seroit inconnu.

Le nouveau possesseur, par l'effet d'une convention, ne sera point admis, lors de sa déclaration, à opposer à la demande du double droit, un titre de possession, sous signature privee, qui n'auroit pas six mois de date, s'il existe des preuves que sa propriété ou jouissance remonte à une époque antérieure, conformément à l'art. XI, de la la loi additionnelle, du 9 octobre 1791.

ART. XL.

Déclaration des immeubles réels,

Les déclarations d'immeubles réels contiendront, article par article, le détail des biens qui en seront l'objet, leur nature, consistance et situation, avec l'indication des redevances fixes ou casuelles dont ils sont chargés.

ART. XLI.

Mode d'évaluation des immeubles réels.

L'évaluation des immeubles réels doit être faite d'après la déclaration que les parties sont tenues de faire, de ce que ces immeubles payent de contribution foncière, et sur le pied du principal, au denier vingt-cinq du reveuu desdits biens. Le rapport de la contribution foncière avec le revenu des biens, ayant été déterminé à raison du sixième, par la loi du 10 avril 1791, cette fixation doit servir de base jusqu'à ce qu'il en soit autrement ordonné.

Art. XLII.

L'évaluation des rentes et redevances censuelles, ou ci-devant seigneuriales, sera faite ; savoir, pour celles en argent, à raison du capital au denier vingt, en observant que, si ces rentes sont stipulées payables sans retenue des impositions, il doit être ajouté un dixième en sus au capital.

Mode d'évaluation des rentes et redevances en argent.

Et pour les rentes en grains ou autres denrées, à raison du taux des fruits des quatorze dernières années, en supprimant les deux plus fortes et les deux plus foibles, et sur le pied du denier 25, conformément au titre III du décret du 18 décembre 1790, avec la même addition du dixième, dans le cas de stipulation de non-retenue des impositions.

Mode d'évaluation des rentes en grains.

Art. XLIII.

A l'égard des immeubles fictifs, l'évaluation en doit être faite relativement aux rentes perpétuelles, à raison du principal au denier vingt ; et pour les rentes viagères, sur le capital, au denier dix des redevances annuelles, soit que ces dernières soient sur une ou plusieurs têtes.

Mode d'évaluation des immeubles fictifs.

Art. XLIV.

Les receveurs, avant d'enregistrer les déclarations, auront soin de vérifier la date des décès et la cote des contributions directes affirmées par les déclarans, en en faisant la comparaison avec les articles correspondans du registre des relevés de sépultures et du sommier des extraits des

Vérification de la date des décès et de la cote des contributions affirmées par les déclarans.

rôles dont il sera parlé ci-après : si cette vérification n'étoit pas possible au moment, ils ne manqueroient pas de la faire dans les délais fixés par l'art. XVIII de la loi du 19 décembre 1790, à l'effet de constater l'exactitude desdites déclarations, et de faire payer les supplémens et le double ou demi-droit en sus, dont la peine seroit encourue suivant les art. VI et XII de ladite loi.

ENREGISTREMENT *des déclarations à défaut d'évaluation.*

ART. XLV.

Distinction essentielle à faire de ces déclarations d'avec les précédentes.

Il ne faut pas confondre les déclarations qui font la matière des articles précédens, avec celles qui auront lieu à défaut d'évaluation des objets désignés dans les actes, conformément à l'art. V de la loi de l'enregistrement. Celles-ci ne doivent pas être portées sur le registre destiné aux déclarations des héritiers et légataires, mais à la date courante, sur le registre relatif à l'espèce d'acte dont le droit aura été perçu provisoirement, en rappelant le n°. du feuillet et la case de l'enregistrement que ces déclarations concerneront.

S'il y a lieu à un supplément, le receveur le tirera hors ligne comme droit courant. Si au contraire, la perception provisoire excède le droit définitif, il restituera l'excédent à l'officier public ou à la partie, dans la forme prescrite à l'article LXXV, ci-après. Aux deux cas il sera fait mention, à la marge du premier enregistrement, tant de la déclaration que du supplément payé ou de la restitution effectuée.

ART.

ENREGISTREMENS *du produit des domaines nationaux, corporels et incorporels.*

ART. XLVI.

Les différens objets de recette relatifs aux biens nationaux, dont les receveurs de l'administration sont chargés, et pour lesquels il a été établi des registres particuliers, exigent autant de formes différentes d'enregistrement. Il paroît inutile, d'après les circulaires et instructions imprimées, que la régie a adressées à tous ses préposés, de donner un modèle de chacun de ces enregistremens, attendu que les receveurs doivent être en état de les rédiger. On leur recommande seulement,

Indications essentielles à donner dans les différens enregistremens.

1°. D'indiquer, à la marge des enregistremens du produit des biens affermés ou régis, le n°. des articles correspondans du sommier de cette partie.

2°. D'en user de même quant aux cens et rentes, et droits casuels, en y ajoutant le n°. du terrier ou cueilloir, et en ayant soin sur-tout, relativement aux droits casuels, d'énoncer avec exactitude les tenans et aboutissans pour la conservation des mouvances, et toutes les clauses relatives aux prix et charges de la vente, afin de fournir à l'inspecteur les moyens de vérifier les perceptions.

3°. De rappeler à la marge de l'enregistrement des épaves, deshérences et bâtardises, le n°. du sommier des découvertes, avec mention dans l'enregistrement des procès-verbaux d'adjudications.

4°. D'émarger chaque article de recette du prix des bois nationaux, et des attributions accordées sur ceux des communautés laïques, du n°. du sommier des adjudications; et lorsque la caution ou le certificateur payera, pour prévenir les poursuites, d'exprimer que c'est de ses deniers.

5°. De faire mention également du n°. du sommier des découvertes à la marge de l'enregistrement des amendes et confiscations forestières.

A l'égard du prix des rachats, les receveurs auront l'attention de faire, dans leurs enregistremens, une énumération exacte de tous les droits rachetés, d'énoncer que la liquidation a été vérifiée par le directeur et visée par le département; enfin ils feront mention à la marge du n°. du terrier.

PERCEPTIONS.

Art. XLVII.

Il ne peut être fait aucune remise ni modération des droits.

Les perceptions seront absolument conformes au texte de la loi, sans que les receveurs puissent faire aucune remise ni modération des droits, à peine d'en compter personnellement, sauf le cas prévu par l'art. L. ci-après, concernant les droits casuels.

Art. XLVIII.

Les receveurs ne peuvent laisser aucuns droits en souffrance.

Les notaires, greffiers, huissiers et les parties ne pouvant, aux termes de l'art. XVI de la loi du 19 décembre 1790, atténuer ni différer le payement des droits, sous prétexte de contestation sur leur quotité, ni pour quelque cause que ce soit, sauf à se pourvoir en restitution, s'il y a lieu, pardevant les juges compétens; les receveurs ne laisseront jamais aucunes perceptions en souffrance, et seront comptables des droits de tous les actes qui seront enregistrés.

ART. XLIX.

Lorsqu'un acte de notaire, de greffier ou d'huissier sera présenté par l'officier au bureau de l'enregistrement, après les délais fixés par les art. VIII et X de la loi du 19 décembre 1790, les receveurs ne pourront en faire l'enregistrement qu'en recevant deux fois la somme des droits pour les actes des notaires et greffiers, et l'amende de 10 l. pour ceux des huissiers, indépendamment de la restitution du droit proportionnel, lorsque la nature de l'acte l'en rendra susceptible, conformément aux art. IX et X de la même loi, et à l'art. IV de la loi du 9 Octobre 1791. Doublement de droits encourus après l'expiration des délais.

Mais si l'enregistrement est requis par la partie elle-même, elle sera admise à acquitter seulement une fois le droit de l'acte, et le receveur poursuivra le notaire ou le greffier rédacteur, pour le payement du second droit résultant de sa contravention.

Il en sera de même du doublement des droits ordonnés pour les actes sous signatures privées et pour ceux passés en pays étrangers, dans le cas où ils y sont assujettis par l'art. XI de la loi du 19 décembre 1790, et l'art. X de la loi additionnelle du 9 octobre 1791.

Enfin il sera perçu la moitié en sus des droits résultans des déclarations des héritiers légataires et donataires éventuels, après les délais prescrits par l'article XII de la loi du 19 décembre 1790, et par semblable article de celle additionnelle du 9 Octobre 1791.

Il ne peut être fait aucune remise ni modération sur les doubles droits et amendes.

Le montant desdits doubles droits, demi-droits en sus et amendes, sera tiré hors ligne à la marge droite des registres, comme les recettes ordinaires. Dans aucun cas les receveurs ne pourront en faire remise ou modération, à peine d'en compter personnellement, sauf leur recours, s'il y a lieu.

ART. L.

Remise du quart sur les droits de lods, en payant dans le délai.

La loi du 20 mars 1791, n'accordant la remise du quart sur les droits de lods et autres résultans des mutations de biens immeubles, qu'à la charge que ces droits seront acquittés dans les trois mois de la date des contrats d'acquisition, les receveurs se conformeront à cette disposition, sous la même peine qu'à l'article précédent.

ART. LI.

Les tribunaux et les corps administratifs ne peuvent accorder aucune remise.

Si contre la disposition formelle de l'art. LI de la loi du 27 Mai 1791, il étoit accordé quelque remise ou modération d'aucuns droits ou amendes, soit par les tribunaux, soit par les corps administratifs, les receveurs en donneroient avis sur-le-champ au directeur.

ACTES

de la 2e Classe.

ART. LII.

Vérification de la cote d'habitation.

Lorsqu'un acte donnera lieu au droit d'enregistrement sur le pied de la deuxième classe du tarif, le receveur observera si la déclaration de la cote d'habitation dans la contribution mobiliaire des contractans, est insérée dans l'acte ou non. Au premier cas, il vérifiera l'exactitude de cette déclaration sur le sommier, dont il sera parlé ci-après, art. LXXXIII; dans le cas contraire il se fera représenter l'extrait du rôle ou la quittance de l'année courante, ou, si le rôle n'étoit pas encore établi, celle de l'année précédente, et il procédera de même à la vérification.

ART. LIII.

Si le cotisé ne réside pas dans l'arrondissement.

Si la personne, dont la contribution mobiliaire doit servir de base à la liquidation des droits, ne réside pas dans l'arrondissement du bureau où l'acte est présenté, le droit sera perçu en raison du revenu présumé par la cote d'habitation, soit que la déclaration en soit faite dans l'acte, soit que le montant de la cote d'habitation soit établi par la représentation des quittances ou extraits des rôles de cette contribution; mais le receveur adressera un extrait desdits rôles, quittances ou déclarations, au receveur, dans l'arrondissement duquel la personne imposée aura son domicile, si ce receveur a sa résidence dans l'étendue du même département, et, dans le cas contraire, au directeur du département où il résidera. Ces pièces seront renvoyées dans le délai d'un mois, avec le résultat de la vérification, au receveur, qui en fera note à la marge gauche de de l'enregistrement; et s'il y a lieu, à une demande en supplément de droits, il fera les diligences nécessaires pour en déterminer le recouvrement dans les délais prescrits par l'art. XVIII de la loi du 19 Décembre 1790.

ART. LIV.

Cote d'habitation relativement aux testamens.

A l'égard des testamens et autres actes de dernière volonté, quelle que soit la date de ces actes, les droits d'enregistrement de la deuxième classe seront toujours réglés à raison du revenu présumé par la cote d'habitation du testateur, pendant l'année de son décès, ou à défaut d'établissement du rôle, pendant celle qui aura précédé.

A r t. L V.

Moyen facile d'établir le 15e. du revenu.

La somme du droit d'enregistrement des actes de la seconde classe, étant fixée par l'art. IV de la loi du 19 Décembre 1790, au quinzième du revenu, évalué d'après la cote d'habitation dans la contribution mobiliaire, et la cote d'habitation dans cette contribution étant réglée au trois-centièmes du revenu par l'art. XXVII de la loi du 18 février suivant, les receveurs ont un moyen facile d'établir le quinzième du revenu qui fait le montant du droit, en multipliant par vingt la somme de la cote d'habitation dans ladite contribution.

E x e m p l e.

La cote d'habitation est supposée de vingt sols, ci 1 l.
Cette somme représente un revenu de. 300
Dont le quinzième est vingt livres, ci. 20
Ou la somme de la cote d'habitation multipliée par vingt.

La somme de la cote d'habitation, multipliée par vingt, représente donc toujours le quinzième du revenu, montant de la perception du droit de la seconde classe, et par la même raison, s'il s'agit de la perception d'un droit de la seconde classe en ligne directe, il suffira de multiplier par dix la somme de la cote d'habitation.

Art. LVI.

Indication des actes judiciaires qui doivent être enregistrés sur les minutes.

Suivant la première section de l'article X de la loi du 19 décembre 1790, tous les actes judiciaires, sentences arbitrales, transactions des bureaux de paix et jugemens des juges de paix, seront enregistrés sur les minutes, dans le délai d'un mois, au bureau établi près la juridiction du greffier, lorsqu'ils contiendront transmission de biens immeubles réels ou fictifs.

L'article VI de la loi du 9 octobre 1791, a ajouté au nombre de ces actes et jugemens, les appositions des scellés, les inventaires, les émancipations et les actes de tutelle faits par les juges de paix.

Extraits à remettre par les greffiers.

Si les greffiers n'ont pas acquitté les droits, ou remis, dans le délai du mois, des extraits certifiés des actes mentionnés ci-dessus, ou s'ils en ont délivré aucune expédition avant qu'ils aient été enregistrés, les receveurs décerneront des contraintes contre ces officiers, à l'effet de leur faire payer deux fois le montant des droits résultans desdits actes. Mais lorsque ces extraits auront été remis exactement, les receveurs les consigneront sur le sommier certain, et poursuivront contre les parties, après six mois du jour de la date des actes, le payement du doublement des droits qu'elles n'auroient pas acquitté avant cette époque.

Actes judiciaires dont les seules expéditions sont soumises à la formalité.

Dans tous les autres cas, les seules expéditions des actes judiciaires, les ordonnances préparatoires, présentations et défauts, sont soumis à la formalité avant de pouvoir être délivrés, à peine contre le greffier, de payer deux fois la somme des droits.

Les receveurs ne perdront jamais de vue ces distinctions

essentielles, et observeront en outre que les greffiers qui seront contrevenus au quatrième paragraphe de l'article XI de la loi du 19 décembre 1790, en recevant le dépôt d'un acte sous signature privée, non enregistré, ou en rédigeant aucun acte ou jugement en conséquence, sont assujettis également à payer deux fois le montant des droits dudit acte sous signature privée, conformément à l'article XIV de la loi additionnelle du 9 octobre 1791.

ACTES *des corps municipaux et administratifs.*

Les greffiers et secrétaires sont assujettis aux mêmes règles que les greffiers des tribunaux.

Art. LVII.

Il est ordonné par l'art. XIII de la loi du 19 décembre 1790, que tous les actes passés aux greffes ou secrétariats des corps municipaux et administratifs, et qui étoient ci-devant assujettis au contrôle, notamment les marchés et adjudications d'entreprises et les baux des biens communaux et nationaux, seront sujets à l'enregistrement dans le délai d'un mois.

L'article XIV de la loi additionnelle du 9 octobre 1791, porte que les notaires *et autres officiers publics* qui se trouveront en contravention aux dispositions des articles X et XI de la loi du 19 décembre précédent, seront assujettis à payer deux fois le montant des droits des actes qui n'auront pas reçu la formalité de l'enregistrement.

Il résulte de ces dispositions, que les greffiers et secrétaires des corps municipaux et administratifs sont soumis aux mêmes obligations et aux mêmes peines que les greffiers des tribunaux, par rapport aux actes judiciaires dont les minutes sont assujetties à la formalité; qu'en conséquence, lesdits secrétaires ne sont point tenus de faire

l'avance

l'avance des droits de leurs actes sujets à l'enregistrement, mais seulement d'en remettre aux préposés, dans le délai du mois, des extraits certifiés, sans pouvoir aussi en délivrer aucune expédition avant l'enregistrement, le tout à peine de payer de leurs deniers deux fois le montant des droits.

Ils sont encore, aux termes dudit article XIV de la loi additionnelle, tenus du doublement des droits, si, en contravention à la quatrième section de l'article XI de la loi du 19 décembre 1790, ils reçoivent en dépôt un acte sous signature privée, non enregistré, ou rédigent aucune délibération ou autre acte en conséquence.

Art. LVIII.

RELATIONS ET QUITTANCES.

Forme des relations.

Les receveurs exprimeront, en toutes lettres, dans leurs relations, la somme des droits perçus : les relations ne seront mises sur les minutes des actes ou sur les expéditions des jugemens qu'après l'enregistrement dont la mention sera faite en rappellant le numéro du feuillet du registre, recto ou verso, et celui de la case ou des cases qui contiendront l'enregistrement.

Art. LIX.

Distinctions à faire lorsqu'un acte opère plusieurs droits.

Lorsqu'un acte renfermera plusieurs dispositions indépendantes, opérant chacune un droit particulier, le receveur les indiquera sommairement dans sa relation, et énoncera distinctement la quotité de chaque droit perçu.

ART. LX.

Forme des quittances.

Les quittances particulières que les receveurs délivreront aux redevables, seront écrites sur du papier marqué du timbre à 1 sol 6 den., et ces quittances contiendront en tête un extrait de l'enregistrement auquel elles auront rapport.

Si la quittance renferme des frais de poursuites, le montant en sera indiqué séparément de celui des droits.

ART. LXI.

Arrêté des registres de recette.

Tous les registres servant à la recette des droits de la régie, même des droits de lods et autres droits casuels, seront arrêtés chaque jour, à l'instant où le bureau sera fermé. Cette arrêté sera mis dans la case ou l'espace qui suivra immédiatement le dernier enregistrement, et conçu en ces termes :

Arrêté le . . . . . . (*Le Recèveur signera*).

ART. LXII.

Représentation de tous les registres aux employés supérieurs.

Les receveurs représenteront tous leurs registres aux employés supérieurs de la régie, à la première réquisition qui leur en sera faite, sans que dans aucun cas ils puissent les porter, ni les laisser emporter, dans d'autres bureaux ou ailleurs, à peine de demeurer personnellement responsables des événemens.

Art. LXIII.

Ils ne pourront communiquer les registres de l'enregistrement, ni en délivrer des extraits aux parties, qu'en vertu d'une ordonnance du juge, sauf l'exception faite en faveur des parties contractantes ou de leurs ayans-cause, par l'article XV de la loi additionnelle du 9 octobre 1791. Communication et extraits des registres aux parties.

Art. LXIV.

Suivant la même loi, lorsque les parties duement autorisées, requerront des extraits desdits registres, le receveur n'exigera d'elles que dix sous pour chaque année de recherche indiquée, et cinq sous par extrait, y compris le papier timbré. Salaires des recherches et extraits.

Art. LXV.

COMPTABILITÉ.

Les receveurs tiendront, pour chaque nature des droits dont la régie leur sera confiée, les registres de recette qui leur seront prescrits ; ces registres seront cotés et paraphés par le directeur, et tenus conformément aux ordonnances qui ne sont point abrogées, et sous les peines qu'elles prononcent. Registres de recette.

Art. LXVI.

Ils ne manqueront pas de former le premier jour de chaque mois, et d'envoyer sur-le-champ à leur directeur, l'état des produits du mois précédent, sur les imprimés des- Etats de mois.

tinés à cet usage, et rempliront avec beaucoup d'exactitude les différentes cases et colonnes de cet état.

Ils doivent, n'ayant plus de journaux de travail à fournir, rédiger soigneusement le précis de leurs opérations, tant intérieures, qu'extérieures, dans le blanc qui est réservé à cet effet, y faire mention du résultat de leur vérification des dépôts publics, du nombre de leurs découvertes, de celui des articles recouvrés et de leurs produits.

ART. LXVII.

Additions sur une feuille séparée des registres, et projet de compte des recettes et dépenses de chaque quartier.

Ils seront tenus de faire les additions des sommes portées à chaque page de leurs registres de recettes, sur une feuille séparée desdits registres, et de préparer, à la fin de chaque quartier, le compte de leurs recettes et dépenses, afin de faciliter le travail de l'inspecteur, lors de l'arrêté du quartier, et de prévenir les erreurs de calcul.

ART. LXVIII.

Récapitulation générale au dos du compte-reau, doit être écrite de la main du receveur.

La récapitulation des recettes et des dépenses au dos du comptereau général qui sera rapporté par l'inspecteur, au soutien de son compte de chaque quartier, sera écrite entièrement de la main du receveur.

DÉPENSE.

ART. LXIX.

Remises des receveurs sur quittances comptables.

Les remises des receveurs leur seront allouées sur leurs quittances comptables, lors de l'arrêté de chaque quartier, sur le pied fixé par l'art. XXXVIII de la loi du 27 mai 1791, ou en conséquence de la répartition qui pourra en être faite par les régisseurs nationaux, conformément à l'article premier de l'addition faite à ladite loi, par celle du 9 octobre suivant.

ART. LXX.

Ports de lettres.

Les ports de lettres et paquets seront remboursés aux receveurs sur l'état qu'ils en présenteront, justificatif que lesdites lettres ou paquets sont relatifs à la régie, ce que les inspecteurs certifieront au pied desdits états quittancés et rapportés, faute de quoi cette dépense ne sera pas allouée.

ART. LXXI.

Frais d'emballages.

Les frais d'emballages de papiers et ballots, les fournitures de toiles, cordes et autres menues dépenses relatives, ne seront remboursés que d'après les états soutenus des quittances des ouvriers et fournisseurs, visés par le directeur, et sur lesquels il sera expédié, s'il y a lieu, des ordres de payement par l'administration.

ART. LXXII.

Les receveurs ne peuvent prétendre d'autres remboursemens.

Au moyen des remises et remboursemens ci-dessus, il ne sera passé aux receveurs aucune somme pour loyer de maison, bureaux, magasins, traitemens de commis, frais de papier, lumière et autre dépense quelconque, ni aucuns frais de signification, de contrainte et de poursuites qui auront précédé les instances introduites aux tribunaux, même ceux postérieurs auxdites instances, si elles avoient été soutenues par les receveurs, sans une autorisation spéciale de l'administration ou du directeur, pour la répétition desquels les receveurs n'auront de recours que contre les redevables, s'il y a lieu.

ART. LXXIII.

Appointemens des employés.
Prix des papiers destin's au timbre et autres.
Ordres de dépenses de la régie.
Ordonnances des directoires des départemens.
Ports de lettres.

Les receveurs près les chefs-lieux de département, seront spécialement chargés de payer, 1°. les appointemens des employés supérieurs de la régie et des préposés du timbre; 2°. le prix des papiers destinés au timbre, et de ceux pour les registres, sommiers, tables alphabétiques, comptereaux, impressions et reliure; 3°. les ordres de dépenses expédiés par l'administration; 4°. les ordonnances délivrées par les directoires des départemens; 5°. les ports de lettres des employés supérieurs, d'après des états en bonne forme.

Quittances comptables des employés, fournisseurs et autres parties prenantes.

Les appointemens, fournitures, ordres de dépenses de la régie et ordonnances des direcroires de départemens, ne seront payés que sur les quittances des parties prenantes, en forme comptable, marquées du timbre proportionnel.

Leur forme.

Les quittances des employés seront visées par le directeur, qui attestera la réalité et la durée des services. Celles des fournisseurs seront également visées du directeur, en conformité des marchés faits au rabais, en présence du directoire du département. Elles seront de plus accompagnées, quant aux papiers destinés au timbre, du certificat de réception du garde-magasin. Avant d'acquitter les ordres de dépenses et les ordonnances, les receveurs auront soin de se faire remettre toutes les pièces qui seront désignées, comme devant y être annexées.

ART. LXXIV.

Les receveurs près les tribunaux de districts, seront chargés particulièrement de payer les salaires des témoins, sur la simple remise de la taxe des juges, au bas des exploits d'assignation. Taxes de témoins.

Ils feront convertir, à la fin de chaque quartier, par les officiers du tribunal, les taxes relatives à chaque procédure en exécutoire, qui seront visées par le directoire du département. A convertir en exécutoires.

ART. LXXV.

Tous les receveurs indistinctement acquitteront,

1°. Tant pour l'année 1790 que pour les subséquentes, conformément à l'article VI de la deuxième section de la loi du 16 octobre 1791, et à la lettre de M. le ministre des contributions, du 17 novembre suivant, les impositions concernant des domaines nationaux, et qui leur seront demandées par les collecteurs des municipalités comprises dans l'arrondissement de leur bureau. Contributions imposées sur les domaines nationaux.

Les quittances que ces collecteurs leur remettront, devront exprimer l'article de l'imposition, la nature du bien cotisé, et être d'ailleurs visées par les directoires des districts.

Afin d'éviter la confusion dans la comptabilité, il y aura des quittances séparées, les premières pour les impositions des forêts, dont les produits appartiennent au trésor public, et les secondes, pour celles de toutes les autres natures de biens, dont les revenus sont destinés à la caisse de l'extraordinaire.

Les receveurs auront soin, si les contributions demandées excédoient le taux fixé par la loi, de se pourvoir en modération dans la forme qu'elle indique, et d'en rendre compte sur-le-champ au directeur.

Frais de réparation et entretien.

2°. Les frais de réparation et entretien desdits domaines, en vertu d'adjudications au rabais, devant les directoires des départemens, sur des ordonnances des mêmes directoires, accompagnées de quittances en forme comptable.

Dépens.

3°. Les dépens pour des affaires concernant leur bureau, auxquels la régie pourroit être condamnée par les jugemens des tribunaux.

Si les dépens n'étoient pas liquidés par les jugemens, les receveurs ne les payeront qu'après les avoir fait taxer dans la forme requise.

Restitutions.

4°. Ils effectueront les restitutions des droits, induement perçus à leur bureau, aussi-tôt que ces restitutions auront été ordonnées par la régie, ou par le directeur, ou par les tribunaux de district. Dans ce dernier cas, ils se conformeront au jugement à la première notification, en faisant, s'il y a lieu, les réserves de droit.

Ils auront soin, pour toutes ces restitutions, de retirer des parties ou officiers publics, des quittances detaillées sur papier libre, qui seront jointes au compte reau comme pièces de dépenses, après en avoir fait mention sur le registre, en marge des enregistremens auxquels elles seront relatives.

Ces quittances seront mises au pied d'une copie de l'enregistrement, régistrement, et rappelleront la décision de l'administration, ou du directeur, ou le jugement qui aura ordonné la restitution.

Les receveurs reconnoîtront, au-dessous de la mention sur le registre et au bas de la quittance, que lesdites restitutions leur ont été allouées dans le compte de tel quartier.

ART. LXXVI.

Les receveurs ne doivent acquitter sur leurs recettes d'autres objets de dépenses, que ceux indiqués par les articles précédens, à peine d'en demeurer responsables. Les receveurs ne doivent point acquitter d'autres dépenses.

ART. LXXVII.

VERSEMENS.

Tout receveur établi dans un chef-lieu de district, versera, à la fin de chaque semaine, le produit de sa recette dans la caisse du trésorier de district. Le receveur près du district doit verser à la fin de chaque semaine.

Il accompagnera chaque versement d'un état de sa recette brute, des prélèvemens qui auront été et dû être faits sur les produits, et de la somme effective versée à la caisse : il enverra en même-tems un double certifié de cet état, au directoire du district et à la municipalité de sa résidence. Etat qui doit accompagner chaque versement.

ART. LXXVIII.

Les payemens faits à la caisse des trésoriers de district seront aussi accompagnés d'un bordereau indicatif des recettes qui doivent être versées au trésor public, et de celles qui sont destinées à la caisse de l'extraordinaire. Bordereau indicatif des imputations à faire.

Les premières consistent dans les produits des droits d'enregistrement, du timbre et des hypothèques, celui des bois nationaux, amendes, épaves, bâtardises et deshérences.

Les secondes, dans les produits des domaines nationaux, affermés ou régis, des cens, rentes redevances et droits casuels dépendans du domaine national, et dans le prix des rachats et sous-rachats.

Les receveurs, en remettant ce bordereau aux trésoriers de district, auront soin de se faire expédier des récépissés distincts de leurs versemens, suivant l'imputation qui devra en être faite au trésor public ou à la caisse de l'extraordinaire.

ART. LXXIX.

Les receveurs de cantons ne verseront que dans les mains de l'inspecteur.

Les receveurs de cantons ne compteront de leurs recettes qu'aux inspecteurs, ou aux vérificateurs chargés de les suppléer et munis d'un ordre exprès et par écrit de l'administration et du directeur.

ART. LXXX.

Les versemens seront faits en mêmes espèces et valeurs que les recettes.

Tous les receveurs seront tenus de remettre, soit au trésorier du district, soit à l'inspecteur, le produit de leurs recettes, en mêmes espèces et valeurs qu'ils l'auront reçu.

RENVOIS.

ART. LXXXI.

Relevés à remettre à l'inspecteur.

La loi du 19 décembre 1790 ayant établi des règles de perception qui ne permettent pas de se priver du secours des renvois en usage sous la précédente administration, les receveurs auront soin de les relever régulièrement à la fin de chaque semaine, sur les feuilles à ce destinées, de manière que l'opération soit toujours complette pour le quartier, à l'époque du passage de l'inspecteur en tournée de recouvrement, et en observant de ne pas porter sur la même feuille, des articles qui concerneroient des bureaux établis dans des départemens différens.

Les renvois peuvent être divisés en deux classes.

La première comprend les extraits de sépulture de personnes décédées hors du lieu de leur résidence, les extraits détaillés de dons éventuels d'objets déterminés, ceux des donations mutuelles d'immeubles, des contrats de mariage portant quelque avantage au profit de l'un des conjoints, et généralement de toutes les dispositions qui peuvent, lors du décès des contractans ou d'autres évènemens prévus, opérer des droits payables en d'autres bureaux, ou y exiger des déclarations de l'espèce de celles prescrites par l'article XII de ladite loi du 19 décembre 1790.

La seconde classe embrasse les ventes et autres actes translatifs de propriété ou d'usufruit de biens situés dans l'arrondissement d'un autre bureau, et tous les renseignemens qui peuvent mettre à portée d'y suivre la filiation des mutations, de découvrir celles opérées par actes sous signatures privées ou autres titres, enfin de constater les omissions ou insuffisances d'estimations dans les déclarations des héritiers et donataires.

ART. LXXXII.

Consignation sur le sommier des articles de renvois.

Lorsqu'il sera remis aux receveurs, pour leur bureau, des extraits de la nature de ceux mentionnés en l'article précédent, il leur sera facile de distinguer dans le nombre des renvois de la première classe, ceux qui devront être consignés de suite sur le sommier des droits certains, comme présentant des découvertes bien constatées, ceux qui auront pour objet des découvertes qu'il faudra éclaircir, et qui devront conséquemment être portés au sommier des droits douteux, enfin ceux qui seront seulement dans le cas d'être inscrits sur la table des donations ou dispositions éventuelles, en attendant l'échéance des droits.

A l'égard des renvois de la seconde classe, ils devront être consignés sur la table des mutations.

SOMMIERS.

ART. LXXXIII.

Les receveurs tiendront avec exactitude et par suite de numéros,

Sommier d'ordre.

1°. Un sommier sur lequel seront inscrites, par ordre de dates, toutes les circulaires et instructions qui leur seront transmises par la régie ou le directeur.

Table alphabétique par ordre de matières.

Ce sommier sera accompagné d'une table alphabétique, par ordre de matières.

Sommier des découvertes.

2°. Un sommier des découvertes de droits négligés ou recélés, à éclaircir.

Les articles de ce sommier seront rayés à mesure qu'ils auront été éclaircis. Il sera fait mention à la marge des motifs de leur radiation, ou du numéro du sommier certain sur lequel ils auront été consignés,

Pag. 37, art. LXXXIII des ordres généraux de Régie.

Modèle d'impression pour les Sommiers des Contributions directes.

CONTRIBUTION MOBILIAIRE.

Nota. Les noms des Contribuables nouvellement établis et cotisés dans la paroisse, seront inscrits à la suite.

Paroisse d'

Numéros.	NOMS des Contribuables.	MONTANT DE LEUR COTE D'HABITATION dans la Contribution Mobiliaire pour chacune des années 1791.	1792.	1793.	1794.	1795.	1796.	1797.	1798.	1799.	OBSERVATIONS.
1er	Doucny (Jean Jérôme).........	2l 15	2l.....	3l......	5l 10s. .	3l 15s . .	3l......	3l 10 . . .	4l 5	4l 10 . . .	Mort le
2.	Loir (Eustache)...............	» 10	1.......	2.......	2 10....	....	....	....	....	....	A quité la paroisse le pour aller résider à
3.	Perrot (Claude).............	....	....	....	....	....	....	....	....	....	
4.	Bernard (Louis).............	....	....	....	....	....	....	....	....	....	
5.	Laroche (Jean).............	....	....	....	....	....	....	....	....	....	
6.	Dumont (Nicolas)...........	....	....	....	....	....	....	....	....	....	

Pag. 37, art. LXXXIII des ordres généraux de Régie.

Modè

CONTR

Nota. Les noms des Contribuables nouvellement établis et cotisés dans la paroisse, seront inscrits à la suite.

NUMÉROS.	NOMS des CONTRIBUABLES.	MONT DANS LA 1791.	1792.	NS.
1er	DOUCHY (Jean Jérôme).........	2tt »ß	2tt.....	
2.	LOIR (Eustache)...............	» 10	1.......	erà
3.	PERROT (Claude)...............	....	....	
4.	BERNARD (Louis)...............	....	....	
5.	LAROCHE (Jean)...............	....	....	
5.	DUMONT (Nicolas)...............	....	....	

CONTRIBUTION FONCIÈRE.

Nota. Les Propriétaires nouvellement imposés, seront ajoutés à la suite.

Paroisse d

NUMÉROS.	NOMS des CONTRIBUABLES.	NATURE et consistance DES BIENS IMPOSÉS.	TAUX DE L'IMPOSITION suivant le décret de la législature.	MONTANT DE L'IMPOSITION FONCIÈRE POUR CHAQUE DES ANNÉES									OBSERVATIONS.
				1791.	1792.	1793.	1794.	1795.	1796.	1797.	1798.	1799.	
1er.	DOUCHY (Jean-Simon)	Une maison et un jardin d'un demi-arpent.	6e	6#	7# 10s	7#	9#						Imposé en 1795, pour un arpent de pré, ajouté à sa possession.
2.	LOIR (Eustache)	Dix arpens de vigne	*Idem*	26	29	30	39	18#					A vendu 4 arpens le... 1795, à Nicolas Dumont ci-après, n° 6.
3.	PERROT (Claude)	50 arpens de terre labourable. 10 arpens de pré. 5 arpens de vigne.	*Idem*	100	100	120	120	200					Imposé en 1795, pour 70 arpens de terre, acquis de Jean Lucas.
4.	BERNARD (Louis)	20 arpens de bois	*Idem*	50	55	60	62, 10s	*Néant.*					Vendu en 1795, à Florent de Bray, ci-après n° 7.
5.	LA ROCHE (Jean)	Une maison, jardin, enclos, etc.	*Idem*	40	42	46	50	*Néant.*					Mort en 1795, son fils au lieu, n° 8.
6.	DUMONT (Nicolas)	4 arpens de vigne	*Idem*						8#, 10s				
7.	DE BRAY (Florent)	20 arpens de bois	*Idem*					62, 10s					
8.	LA ROCHE (Guillaume)	Une maison, jardin, enclos, etc.	*Idem*					50					

Pag. 7?, art. LXXXIII des ordres généraux de Régie.

Modè

CONTRIB

Nota. Les Propriétaires nouvellement imposés, seront ajoutés à la suite.

Paroisse d

Numéros.	NOMS des Contribuables.	NATURE et consistance des biens imposés.	TAUX de l'impositio suivant le décret de la législatur	NS.
1er.	Douchy (Jean-Simon)	Une maison et un jardin d'un demi-arpent.	......6c.....	à sa possession.
2.	Loir (Eustache).....	Dix arpens de vigne...	.....*Idem*...	t ci-après, n° 6.
3.	Perrot (Claude) ...	50 arpens de terre labourable. 10 arpens de pré.......... 3 arpens de vigne.........	.....*Idem* ..	uis de Jean Lucas.
4.	Bernard (Louis).....	20 arpens de bois...........	.....*Idem*...	n° 7
5.	La Roche (Jean)...	Une maison, jardin, enclos, etc.	.....*Idem*..	
6.	Dumont (Nicolas)...	4 arpens de vigne.........	.....*Idem*..	
7.	De Bray (Florent)...	20 arpens de bois..........	.....*Idem*..	
8.	La Roche (Guillaume).	Une maison, jardin, enclos, etc.	.....*Idem*..	

3°. Un sommier des découvertes certaines. Les articles seront rayés à mesure qu'ils rentreront. Le receveur aura soin de les émarger de la somme des droits payés et de la date des enregistremens.

Sommier certain.

Lorsqu'il s'introduira une instance sur quelque article de ce sommier, il en sera fait mention à la marge.

4°. Un sommier dans la forme indiquée par l'état ci-joint pour les extraits des rôles des contributions foncières.

Sommier des contributions foncières.

5°. Un sommier dans la forme indiquée par l'état ci-joint pour les extraits des rôles des contibutions mobiliaires.

Sommier des contributions mobiliaires.

Les receveurs auront recours à ces deux sommiers pour régler la quotité des droits d'enrégistrement des actes de la seconde classe, ainsi que celle des droits exigibles sur les déclarations des héritiers légataires et donataires éventuels, et sur celles qui seront relatives aux actes qui ne comporteront pas de prix. Ils y auront recours également pour vérifier les affirmations des parties relatives à leur cote d'habitation et aux contributions foncières qu'elles payent, et régler définitivement les droits provisoires, tant des actes et déclarations enregistrés en leur bureau, que des renvois qui pourroient leur être adressés, à l'effet d'en constater l'exactitude.

6°. Un sommier des domaines corporels appartenans à la nation, à quelque titre que ce soit, qui se trouveront situés dans l'arrondissement de leur bureau, tels que terres, prés, vignes, maisons, moulins et usines.

Sommier des domaines corporels.

Il sera formé, en faisant relier en corps de registre les minutes des états dont la confection a été prescrite à chaque receveur par une circulaire imprimée du 28 octobre 1791, conformément à l'art. XII de la loi du 12 septembre précédent, et suivant le modèle y annexé.

Les receveurs y ajouteront les articles omis ou négligés, après que les découvertes en auront été bien constatées, ainsi que les objets qui accroîtront, par la suite, au profit de la nation, à quelque titre que ce soit.

Les ventes desdits domaines seront mentionnées à côté de chaque article y relatif, à mesure que les préposés en auront connoissance. Les receveurs doivent tenir ce sommier avec l'exactitude nécessaire, pour qu'il puisse servir de cadastre général des domaines nationaux corporels, situés dans l'étendue de leur bureau.

Sommier des domaines incorporels.

7°. Un sommier des droits ci-devant féodaux, et de tous autres droits incorporels non supprimés, appartenans à la nation, perceptibles dans leur arrondissement, tels que champarts, agriers, terrages, censives, etc.

Ce sommier sera formé en faisant relier en corps de registre les minutes des états demandés pour cet objet, ainsi qu'il vient d'être observé à l'article précédent, relativement au sommier des domaines corporels.

On y mentionnera successivement, à la marge de chaque article, les rachats desdits droits.

Les receveurs ajouteront sur ce sommier les articles omis ou négligés qui auront été suffisamment éclaircis, de même que les droits de pareille nature qui accroîtront à la nation, à quelque titre que ce soit, de manière à présenter, dans tous les temps, une espèce de terrier universel des domaines incorporels assis dans l'arrondissement de leur bureau.

Lièves, cueilloirs et terriers.

Ce sommier ne dispensera pas les receveurs de faire usage

des lièves, cueilloirs et terriers dont la remise pourra leur être faite. Ils noteront exactement sur les cueilloirs, à la marge de chaque article de cens, rentes et autres redevances, les années d'arrérages qu'ils recevront.

8°. Un sommier à mi-marge, des baux subsistans des domaines corporels et incorporels. La marge droite contiendra, article par article, la dénomination de chaque domaine, sa situation et sa consistance, la date du bail, le nom et la demeure du fermier, le prix qu'il doit payer chaque année, et les termes de payement. La marge gauche servira pour apostiller chaque article de la date des poursuites et diligences qui pourront être faites contre les fermiers; de celles des payemens et de l'acquittement, tant des contributions foncières, que du montant des ordonnances pour réparations et entretien. Sommier des baux.

Si, dans l'arrondissement du bureau, il y a des domaines corporels en régie, le receveur réservera les dernières feuilles de ce sommier pour les y inscrire, avec les changemens, dans la forme que la différence du régisseur au fermier peut exiger.

9°. Un sommier à mi-marge pour toutes les découvertes des droits domaniaux négligés, recélés et usurpés. Le receveur émargera chaque article des diligences et poursuites qu'il aura été dans le cas de faire contre les redevables. Lorsque l'article sera recouvré, il fera mention du montant du droit, de la date du payement, de celle de l'enregistrement, et rayera l'article. Sommier des découvertes des droits domaniaux.

Le même sommier servira pour toutes les découvertes relatives aux rachats des mouvances immédiates du domaine, et aux sous-rachats qui, d'après les articles XLIV, XLV et XLVI du décret du 3 mai 1790, devront être payés par les ci-devant vassaux immédiats du domaine qui auroient reçu le rachat des droits dépendans de leurs fiefs. Les receveurs consigneront ces articles à mesure qu'ils en acquerront la connoissance, soit par l'enregistrement de la quittance de rachat, soit par toute autre voie, et ils feront les diligences convenables pour déterminer le payement des sous-rachats dans les proportions fixées par le décret cité, avec la restitution du double, si les ci-devant vassaux avoient laissé écouler l'année sans avoir notifié au domaine le rachat qui leur auroit été payé, conformément à l'art. XLVI du susdit décret.

On consignera encore sur ce sommier les droits qui sont dans le cas d'être adjugés à la nation à titre d'épaves, bâtardises et deshérences.

Sommier du prix des rachats liquidés et non acquittés.

10°. Un sommier ou compte ouvert avec les redevables du prix des rachats liquidés. Le receveur portera à la marge droite l'extrait des liquidations, leur date, leur prix, les nom, profession et demeure du redevable. A mesure des payemens, on en fera mention à la marge gauche, en y rappellant le folio du registre de recette où ils sont portés. Ce sommier sera précédé d'une table alphabétique, sous le nom des redevables, pour faciliter les recherches.

Sommier des deshérences, etc.

Indépendamment des sommiers ci-dessus, les receveurs établis près les directoires et districts, tiendront un sommier divisé en deux parties et à mi-marge.

Sommier du prix des adjudications des bois nationaux.

La première partie sera destinée à y porter les adjudications des bois nationaux, et servira de compte ouvert avec les

les adjudicataires. La marge droite contiendra la date de l'adjudication, la quantité, l'espèce et la situation des bois adjugés, les noms des adjudicataires, des cautions et certificateurs, le prix de l'adjudication en principal et accessoires, enfin les termes des payemens. On fera mention à la marge gauche des diligences et poursuites exercées contre les adjudicataires faute de payement; des procès-verbaux de récolement, arpentage et congé de cour, ainsi que de la vérification des sur ou manque de mesure; finalement, de la date et quotité des payemens, et du folio du registre où l'enregistrement aura été fait.

La seconde partie servira aux adjudications des bois des communautés laïques, en suivant la même forme que celle indiquée ci-dessus, et avec mention de la date des payemens des 2 sols pour livre attribués à la nation sur le montant du prix desdites adjudications.

Sommier pour le recouvrement des 2 sols pour livre sur le prix des adjudications des bois des communautés laïques.

Les receveurs près les tribunaux de district, chargés de la recette des amendes, restitutions et confiscations forestières, tiendront un sommier à mi-marge, pour y porter l'extrait des jugemens de condamnation. Ils feront mention, à chaque article, du montant des amendes, restitutions, confiscations et dépens adjugés, dans le montant desquels ils s'assureront si l'on a compris, conformément à l'article XXII de la loi du 29 septembre 1791, tous les droits d'enregistrement dont le recouvrement aura été suspendu, soit dans leur bureau, soit dans d'autres.

Sommier des amendes forestières, etc.

La marge gauche sera divisée en deux parties. La partie supérieure servira à l'indication des diligences faites contre les redevables, de la date et du montant des payemens. La partie inférieure sera réservée pour y établir les remboursemens faits à l'agent de la conservation, de la somme de frais par lui avancés.

ART. L X X X I V.

TABLES ALPHABÉTIQUES.

Les receveurs entretiendront toujours au courant les tables alphabétiques ci-après désignées.

Sépultures. 1°. Des extraits de sépulture. On n'en omettra aucun, et on aura l'attention de porter, dans la colonne des terriers, les extraits des actes de tutelles et curatelles. A ce moyen, il n'y aura pas de table pour ces actes.

Testamens. 2°. Des testamens *enregistrés*; à l'effet de reconnoître, par la comparaison avec les extraits-mortuaires, les droits résultans desdits testamens qui n'auroient pas été acquittés dans le délai de la loi, et d'en suivre le payement.

Successions. 3°. Des successions directes et collatérales, et des dispositions éventuelles dont les droits auront été acquittés, pour les rapprocher des extraits de sépulture, et éviter la demande des droits déjà payés. Cette table doit contenir, non-seulement les droits payés sur déclarations, mais encore les droits proportionnels acquittés sans déclaration lors de l'évènement des dispositions.

Nouveaux possesseurs. 4°. Des mutations par ventes et à quelque titre que ce soit, même par succession, sous le nom des nouveaux possesseurs.

Vendeurs. 5°. La même sous le nom des vendeurs.

Cette double table est nécessaire pour constater les mutations dont les droits n'auroient pas été payés, et vérifier l'exactitude des déclarations faites par les héritiers directs et collatéraux, légataires et donataires éventuels.

Les receveurs consigneront, sur ces deux tables, les mutations de biens situés dans leur arrondissement, opérées par des actes enregistrés dans d'autres bureaux, et dont le renvoi leur aura été adressé.

6° Des partages des biens immeubles, réels ou fictifs. Partages.

7°. Des co-partageans. Co-partageans.

Le rapprochement de ces deux tables de celles des sépultures et mutations, contribuera à faire connoître l'entière consistance des successions directes et collatérales dont les droits seront ouverts.

8°. Des donations et autres dispositions éventuelles. Donations éventuelles.

Cette table doit rassembler toutes les dispositions éventuelles de biens, meubles et immeubles fictics dont les propriétaires ont leur domicile, et d'immeubles réels ayant leur situation dans l'arrondissement du bureau.

L'exécution de la loi de l'enregistrement qui n'autorise la perception des droits résultans des dispositions éventuelles, que lors de l'échéance des conditions prévues, rend cette table absolument nécessaire.

9°. Des contrats de mariage, avec le détail des biens formant les apports des conjoints. Contrats de mariage.

10°. Des baux à ferme pour concourir à la vérification des déclarations, et à constater les changemens de propriétaires. Baux à ferme.

11°. Des lods et ventes, et droits casuels payés par les nouveaux possesseurs. Lods et ventes et droits casuels.

12°. Des rachats sous le nom de ceux qui se sont affranchis. Rachats.

Art. LXXXV.

RÉGIE EXTÉRIEURE.

Vérification des minutes et répertoires des officiers publics.

Dans le cours de chaque année, et pour prévenir les prescriptions prononcées par l'art. XVIII de la loi du 19 décembre 1790, les receveurs vérifieront toutes les minutes, et les répertoires des officiers publics domiciliés dans l'étendue de leur arrondissement.

Relevé de tous les droits négligés et recélés.

Ils relèveront tous les droits négligés ou recélés, ceux résultans, soit de successions directes ou collatérales, soit de donations éventuelles qui auront eu leur effet, soit de transmission d'immeubles réels ou fictifs; les droits domaniaux fixes et casuels, ceux d'enregistrement des actes sous signatures privées, contenant mutation de biens immeubles ou relatifs à des objets mobiliers, en conséquence desquels il auroit été formé quelques demandes principales, incidentes ou en reconvention.

Consignation sur le sommier douteux.

Ils consigneront d'abord ces relevés, par extraits, sur le sommier douteux.

Consignation sur le sommier certain.

Lorsqu'ils auront approfondi chaque article, ils porteront au sommier certain, ceux concernant leur bureau; et transcriront les autres, qui appartiendront à des bureaux étrangers, sur des feuilles de renvois, qu'ils auront soin de remettre à leur inspecteur, ainsi qu'il est prescrit par l'article LXXXI ci-devant.

Procès-verbaux des contraventions relatives au timbre.

Ils rapporteront des procès-verbaux de toutes les contraventions relatives au timbre, qu'ils auront occasion de constater; si les particuliers ou officiers publics contrevenans se refusent à payer les sommes auxquelles la loi les condamne, ces procès-verbaux seront enregistrés dans le délai prescrit, et les droits d'enregistrement tirés hors ligne. La signification en sera faite ensuite aux contrevenans, avec assignation, au tribunal du district, et, immédiatement après, les receveurs en enverront des extraits au directeur, et en feront article sur le sommier certain.

Art. LXXXVI.

Relevé des extraits de sépulture.

Ils feront, dans toutes les communes de leur arrondissement, le relevé exact des extraits de sépulture qui se trouveroient avoir été négligés pendant le cours des cinq dernières années, et le continueront ensuite de trois mois en trois mois.

Pour en tirer tout l'avantage qui doit en résulter, ils constateront sur les lieux mêmes, autant qu'il sera possible, les noms et demeures des héritiers et légataires directs ou collatéraux; ceux des nouveaux possesseurs à titre de succession, substitution, donation éventuelle ou autrement; la situation, mouvance et valeur des immeubles échus, afin d'accélérer le recouvrement des droits d'enregistrement ou de ceux ci-devant féodaux qui se trouveront dûs.

Art. LXXXVII.

Extraits des rôles des contributions.

Les receveurs sont autorisés, par l'art. XX de la loi, du 19 décembre 1790, à prendre communication des rôles des contributions foncières et mobiliaires. Ils doivent donc s'informer, dans chacune des municipalités de leur arrondissement, de l'époque où les rôles de chaque année seront arrêtés et mis en forme exécutoire, pour en prendre aussi-tôt des extraits sur papier libre, et les consigner sur les sommiers à ce destinés.

ART. LXXXVIII.

Relevé des mercuriales.

Ils feront, au greffe de chaque municipalité, le relevé des mercuriales, fourléaux et appréciations des grains et denrées pendant les quatorze dernières années, à l'effet de liquider et de réduire en argent les rentes en fruits, grains et denrées, dont ils devront faire la recette ou l'évaluation.

Ils entretiendront ce relevé au courant, et l'afficheront dans un endroit apparent de leur bureau.

ART. LXXXIX.

Recouvrement des articles consignés sur les sommiers certains.

Ils suivront, avec l'exactitude et l'activité nécessaires, le recouvrement des articles consignés sur les sommiers certains, et de ceux sur lesquels il sera intervenu des jugemens de condamnation.

Ils décerneront des contraintes pour le payement des droits, doublement de droits et amendes relatives à l'enregistrement, en conformité des articles VI, IX, X, XI et XII de la loi du 19 décembre 1790. Les contraintes, lorsqu'elles auront pour objet une contravention auxdits articles, doivent constater le fait avec clarté et exactitude, et il faudra y joindre, si besoin est, les pièces justificatives.

Quant aux droits et revenus nationaux, ils ne pourront agir qu'en vertu de contraintes décernées par le directeur, et visées par le président du tribunal du district de la situation des biens.

Les contrevenans à la loi du timbre devront être condamnés aux peines et amendes qu'ils auront encourues, conformément aux art. XIII, XIV, XV, XVI, XVII, XVIII et XX de ladite loi ; mais les receveurs se dispenseront de rapporter procès-verbal et de procéder par assignation, lorsque le contrevenant offrira de faire timbrer ou viser en payant le droit et l'amende encourue. Les procès-verbaux seront affirmés *dans les vingt-quatre heures* devant les Juges du lieu, quand on ne pourra joindre au soutien les pièces qui prouvent la contravention.

ART. XC.

Recouvrement des rentes et redevances.

Ils suivront, avec la même attention, le recouvrement des rentes et redevances, et se transporteront où besoin sera et aux époques des échéances, pour faire la recette de celles stipulées quérables et qui ne seront point affermées.

ART. XCI.

Ménagemens à garder vis-à-vis des redevables.

Avant d'en venir aux poursuites contre aucun redevable, le receveur aura l'attention de lui donner un avertissement de payer dans huitaine ; ce délai expiré, sans qu'il se soit présenté, il lui fera signifier la contrainte ou le jugement de condamnation avec commandement de payer dans la quinzaine, et si on n'y satisfait pas, les poursuites seront continuées, en observant cependant qu'il ne faut avoir recours à la saisie-exécution qu'à défaut absolu d'autres ressources.

Lorsque le redevable qui se présentera sera notoirement hors d'état de se libérer sur le champ, il lui sera accordé un nouveau délai plus ou moins long, suivant les circonstances, mais la liquidation des droits sera préalablement faite, et le receveur prendra au pied sa soumission d'acquitter la somme liquidée dans ledit délai, à peine d'y être contraint.

Précautions lorsque les droits sont à la veille d'être prescrits.

Lorsque les droits approcheront de la prescription, les receveurs ne pourront plus avoir les mêmes ménagemens, et ils devront, pour la conservation desdits droits, en former la demande par contrainte ou autre voie juridique, à peine de demeurer responsables de ceux qui se trouveroient prescrits par leur négligence.

CONTENTIEUX.

Art. XCII.

Instances devant les tribunaux.

Lorsqu'il s'élèvera quelque contestation devant les tribunaux, à raison des droits demandés, ou pour toute autre cause relative à la régie, les receveurs en donneront avis sur-le-champ au directeur, et lui enverront, avec leurs observations, les extraits ou copies de pièces nécessaires pour l'instruction de l'instance.

Art. XCIII.

Les receveurs de contons ne peuvent défendre.

Les receveurs de canton ne seront jamais autorisés à répondre aux mémoires et requêtes des parties. Les seuls receveurs près les tribunaux de district pourront en être chargés. Ils ne défendront néanmoins que d'après les instructions qui leur seront transmises par le directeur ou par l'inspecteur, sauf les cas d'urgence.

Lorsque les réponses aux requêtes ou mémoires des parties, que le directeur ou l'inspecteur leur aura adressées,

leur

leur seront parvenues, ils les remettront sur-le-champ au greffe du tribunal, et dès que le jugement qu'ils auront sollicité aura été rendu, ils en enverront le dispositif tant au directeur qu'à l'inspecteur et au receveur du canton dépendant de son district où la contestation se sera élevée.

ART. XCIV.

CORRESPONDANCE.

Toutes les lettres et réponses seront à mi-marge.

Les receveurs n'écriront directement à l'administration que dans les cas prévus par les présens ordres de régie. Dans tous autres ils s'adresseront toujours à leur directeur, et conserveront copie de leur lettres. Ils répondront avec précision et célérité aux demandes qui leur seront faites. Toutes leurs lettres, même leurs réponses, seront écrites à mi-marge, sauf, si c'est une réponse, à y rappeler la lettre à laquelle ils répondent. Ils en écriront une pour chaque question ou chaque affaire, et ne confondront jamais, dans la même lettre, deux objets différens. Ils termineront par ces mots : *le receveur de l'enregistrement*, et signeront.

ART. XCV.

Compte à rendre sur la solidité des cautionnemens.

Ils rendront compte de la vérification qu'ils auront faite des cautionnemens fournis, soit par les préposés de la régie de l'enregistrement, soit par ceux des autres régies nationales, et dont il aura été adressé des extraits, à cause de la situation des immeubles affectés aux cautionnemens ou de la résidence des cautions.

Ils s'assureront, tant par l'examen de leurs registres, sommiers et tables alphabétiques, que par les connoissances locales qu'ils pourront se procurer, si les biens appartiennent réellement à la caution, s'ils sont francs et quittes de dettes et hypothèques, et si leur évaluation est exacte. Ils s'informeront de la solvabilité des cautions, et si leur commerce, leurs entreprises ou affaires ne laissent aucune inquiétude. Lorsque le receveur, chargé de la vérification du cautionnement, sera établi près d'un tribunal de district, il s'assurera, sur la table des oppositions aux hypothèques, s'il n'en a été formée aucune autre que celles à la requête des commissaires régisseurs.

Dans le cas où une femme se seroit portée caution de son mari, ils reconnoîtront si la coutume des lieux lui permet de s'engager; ils vérifieront si les clauses du contrat de mariage ne contiennent aucune disposition contraire, et ils certifieront le résultat de leurs recherches en marge dudit extrait de cautionnement.

Avis à donner du décès des cautions.

Les receveurs doivent donner leurs certificats avec d'autant plus de circonspection, qu'ils seroient responsables des évènemens, si leur rapport étoit infidèle.

Art. XCVI.

Conservateurs des hypothèques.

Lorsqu'un receveur sera informé, par les relevés des sépultures ou autrement, du décès de la caution de quelque préposé de la régie, il en donnera avis sur-le-champ à son directeur.

Les conservateurs des hypothèques et les greffiers expéditionnaires se conformeront à l'édit de 1771, et aux instructions relatives, jusqu'à ce que le corps législatif ait décrété une nouvelle législation pour cette partie.

Les fonctions et obligations des gardes magasins du timbre, des receveurs du timbre extraordinaire et des timbreurs et tourne-feuilles, sont déterminés tant par les art. XV et XVI de la loi du 27 mai 1791, que par une instruction imprimée qui leur a été délivrée au mois de Juin suivant. Préposés du timbre.

POINTS DE DISCIPLINE *générale*.

ART. XCVII.

VERIFICATEURS.

Nul ne pourra être nommé vérificateur qu'il n'ait exercé les fonctions de receveur dans les bureaux de l'enregistrement, au moins quatre années, dont une dans un bureau de chef-lieu de District. Condition pour être nommé vérificateur.

ART. XCVIII.

Les vérificateurs ne pourront exercer leurs fonctions sans avoir prêté serment devant les juges de district du chef-lieu de département où ils seront placés, conformément à l'art. VI de la loi du 1er juin 1791, et ils seront tenus de remettre au directeur une expédition en forme de l'acte de prestation. Serment.

ART. XCIX.

Ils fourniront un cautionnement de 10,000 liv. avant que leur procuration puisse leur être délivrée. Cautionnement.

ART. C.

Les vérificateurs sont préposés pour vérifier la régie des receveurs dans toutes ses parties, s'assurer s'ils se sont con- Leurs fonctions.

conformés à tous les ordres de régie qui les concernent, leur donner les instructions dont ils peuvent avoir besoin, suppléer à ce qu'ils ont omis ou négligé; vérifier les registres, minutes et répertoires des greffiers, notaires, huissiers et tous autres dépôts publics; relever les droits arriérés ou recelés; rapporter procès-verbal des contraventions aux dispositions des loix concernant la régie; suivre l'apurement des articles consignés sur les sommiers, et remplacer les inspecteurs dans les opérations de leurs tournées de recouvremens, en cas d'empêchement de service de la part de ces employés, sur l'ordre par écrit qui leur en sera donné par l'administration ou le directeur.

ART. CI.

Subordination, etc.

Ils seront sous la surveillance immédiate et les ordres du directeur; ils observeront vis-à-vis des officiers publics et des redevables, les ménagemens et les égards convenables, et feront tous leurs efforts pour mériter l'estime et la confiance des corps administratifs.

ART. CII.

Ils ne peuvent avoir de résidence fixe.

Obligés par la nature de leurs fonctions de se transporter successivement dans les bureaux où leur présence est jugée nécessaire, ils ne peuvent avoir de résidence fixe; ils seront tenus seulement de ne pas quitter le bureau où ils seront envoyés, sans un ordre par écrit de l'administration ou du directeur, à peine d'être privés de leurs traitemens et remises, à compter du jour de leur départ.

Lorsqu'ils auront obtenu un congé, ils cesseront de jouir émolumens, après quinze jours d'absence.

LIMITATION *de leurs pouvoirs.*

Art. CIII.

Ils ne pourront établir, ni suspendre de leurs fonctions, aucuns receveurs, sans une autorisation par écrit de la régie ou du directeur : sauf, pour la suspension, le cas prévu par l'article CVIII ci-après.

Ils ne pourront établir ni suspendre aucuns receveurs.

Art. CIV.

Ils ne pourront également, sans un ordre par écrit de la régie ou du directeur, recevoir aucunes sommes des inspecteurs ou receveurs, des redevables ou contrevenans, sous les peines de droit et de la restitution des sommes qu'ils auroient reçues.

Ils ne peuvent recevoir aucunes sommes.

Art. CV.

Ils n'accorderont jamais de remises ou de modérations des droits et amendes, à peine d'en compter personnellement.

Ils ne peuvent accorder aucunes remises ni modérations de droits et amendes.

Art. CVI.

OPÉRATIONS *intérieures.*

Vus.

En arrivant dans un bureau et en le quittant, ils inscriront et signeront leur vu sur le registre de l'enregistrement des actes civils, dans la case qui suivra immédiatement le dernier enregistrement ou l'arrêté du receveur. Ce vu sera conçu en ces termes : *Vu par nous vérificateur de la régie nationale de l'enregistrement, cejourd'hui* : et il signera.

ART. CVII.

Vérification des arrêtés.

Leur premier soin sera de vérifier si tous les registres susceptibles d'être arrêtés, l'ont été jusqu'au jour; si les arrêtés sont mis dans des cases en blanc; s'il n'y a qu'un arrêté par chaque case ou sur une même ligne, et s'ils sont signés du receveur.

ART. CVIII.

Vérification de la caisse.

Immédiatement après cette vérification, ils se feront représenter les espèces et valeurs existantes dans la caisse, dont ils formeront un bordereau, qui sera certifié tant par eux que par le receveur. Ils calculeront ensuite toutes les recettes dont il n'aura pas été compté depuis le dernier arrêté de l'inspecteur, y compris la débite du timbre pour le compte de laquelle ils se feront représenter les papiers restans en nature, les derniers comptereaux, et les lettres d'envois du magasin général.

S'ils reconnoissent un déficit, ils décerneront, sans différer, une contrainte, qu'ils feront signifier, tant au receveur, qu'à sa caution, et ils en informeront de suite l'administration et le directeur; ils pourront même fermer provisoirement la main au receveur, si la sûreté des deniers publics l'exige.

ART. CIX.

Vérification des versemens à la caisse du trésorier du district.

Dans les bureaux près les chefs-lieux de districts, ils s'assureront si les receveurs sont exacts à verser, à la fin de chaque semaine, le montant de leurs recettes dans la caisse du trésorier du district. Au cas contraire, ils feront effectuer sur-le-champ ces versemens, et en rendront compte par lettre, tant à l'administration, qu'au directeur.

ART. CX.

Lorsque, dans un bureau de canton, le receveur aura dans ses mains des sommes considérables, ou qui excèderont le montant de son cautionnement, le vérificateur aura soin d'en donner avis au directeur.

Avis à donner au directeur des sommes considérables existantes dans les caisses des receveurs de canton.

ART. CXI.

Ils se feront représenter les inventaires des registres, sommiers et tables alphabétiques ; les recueils, loix, instructions et documens envoyés par l'administration : ils s'assureront de leur existence dans le bureau, répareront les omissions, s'il y en a, et porteront à la suite tous ceux envoyés depuis l'arrêté desdits inventaires, et qui ne s'y trouveront pas compris.

Représentation des inventaires des registres, etc.

ART. CXII.

Ils examineront si les registres et les autres objets énoncés en l'art. précédent, sont déposés dans un endroit sec et à l'abri de tous accidens.

Examen du lieu où sont déposés les registres, etc.

ART. CXIII.

Ils se feront rapporter toute la correspondance, soit de la régie, soit du directeur et de l'inspecteur ; ils vérifieront

Examen de la correspondance.

si les receveurs observent, dans l'arrangement des lettres, la méthode nécessaire, et s'ils se sont conformés exactement aux ordres et instructions y portés. Dans le cas contraire, ils ramèneront ces employés à la règle, et les obligeront d'exécuter, sous leurs yeux, ce qu'ils auront omis ou négligé.

ART. CXIV.

Examen des sommiers.

Ils liront attentivement tous les articles portés sur les sommiers, en commençant par ceux qui auront pour objet des sommes certaines à recouvrer; ils ordonneront à mesure les avertissemens ou poursuites à faire sur chacun desdits articles, et feront en même-temps une copie des articles en instance ou surséance qui paroîtront devoir être remis sous les yeux du directeur et de la régie. Ils termineront leur examen par une note mise à la suite du dernier article, indicative du nombre, de l'espèce, et des numéros des articles restans à suivre au moment de leur arrivée.

ART. CXV.

Objets relatifs aux sommiers qui doivent fixer particulièrement l'attention des vérificateurs.

Ils reconnoîtront si les receveurs ont présenté avec exactitude la situation des sommiers dans leur état des produits du mois précédent; s'ils font des découvertes, s'ils les consignent exactement sur les sommiers; s'ils ne négligent pas de les éclaircir, de porter sur le sommier certain, les articles constatés; d'indiquer, en marge de chacun d'eux, le n°. du sommier des découvertes sur lequel il étoit précédemment consigné, afin d'y avoir recours s'il est nécessaire;

saires; s'ils font les diligences convenables pour en assurer l'apurement; s'il n'y a pas des articles prescrits par leur négligence, ou abandonnés d'après des motifs insuffisans; s'ils sont exacts à émarger chaque article du sommier certain de la note des poursuites, de la somme des droits payés, de la date des payemens et enregistremens, ou des motifs de décharge.

Art. CXVI.

Examen des terriers, lièves et cueilloirs.

Ils s'assureront également si les terriers, lièves et cueilloirs sont dans la situation où ils doivent être, et si les receveurs sont exacts à apostiller chaque article des mentions prescrites par les ordres de régie qui les concernent.

Art. CXVII.

Prescriptions à prévenir.

La brièveté des délais accordés par l'art. XVIII de la loi du 19 décembre 1790, pour former des demandes ou actions contre les redevables ou contrevenans, relativement aux droits d'enregistrement, doit faire sentir à tous les préposés de l'administration, l'indispensable nécessité de donner l'activité convenable à cette partie essentielle de la régie. Les vérificateurs auront donc soin de prévenir les prescriptions par des actes conservatoires sur tous les objets qui en seront susceptibles.

Art. CXVIII.

Radiation sur les sommiers de tous les articles prescrits.

Ils donneront la même attention à ce qu'il ne soit formé aucune demande, ni intenté aucune action, pour raison des droits dont la prescription seroit acquise par la loi, et rayeront sur les sommiers tous les articles qui seront dans ce cas, après s'être assurés toutefois de l'époque de l'ouverture des droits.

ART. CXIX.

Exécution des ordres de restitution.

Ils feront exécuter sans délai, dans la forme prescrite, les restitutions ordonnées par l'administration ou par le directeur.

ART. CXX.

Abus à empêcher dans les frais de poursuites.

Ils veilleront à ce qu'il ne s'introduise aucun abus relativement aux frais de poursuites qui sont à la charge des redevables.

ART. CXXI.

Vérifications des dossiers des poursuites.

Ils vérifieront, en conséquence, les dossiers de toutes les poursuites qui seront entre les mains des receveurs, pour faire continuer celles qui devront l'être, et ils anéantiront toutes celles qui concerneront des articles payés ou tombés en non-valeur.

ART. CXXII.

Refonte des sommiers.

Lorsque les sommiers de découvertes et les sommiers certains seront chargés d'un trop grand nombre d'articles, eu égard à celui des articles subsistans, les vérificateurs en feront la refonte sous un nouvel ordre de numéros. Cette refonte sera datée et signée par le vérificateur qui l'aura faite. Cet employé aura soin d'indiquer, en marge de chaque article, l'ancien numéro sous lequel il étoit porté, et de l'apostiller de toutes les observations dont il sera susceptible. Il fera ensuite les diligences nécessaires pour en déterminer l'apurement.

ART. CXXIII.

Examen des tables alphabétiques.

Les vérificateurs prendront une connoissance exacte de la situation de toutes les tables alphabétiques, et vérifieront si cette situation est conforme au tableau qui en aura été présenté dans l'état des produits du mois précédent.

ART. CXXIV.

Sommier d'ordres.

Ils examineront si le sommier d'ordres contient tous les articles d'instructions transmis par les mémoires de tournées et contre-tournées ; s'il est au courant ; si chaque article est émargé d'une note indicative de l'objet, et si cette note est exacte ; enfin, si la table alphabétique des matières contenues dans ce sommier, est bien faite.

Ils répareront les omissions, rectifieront tout ce qui sera incorrect, indiqueront le nombre des articles qu'ils auront portés, et dateront et signeront leur revision à la suite du dernier ordre.

ART. CXXV.

Si les tables sont bien faites.

Ils constateront si chacune des tables alphabétiques est exacte, si elle présente tous les renseignemens qu'elles doivent contenir ; et, dans le cas contraire, ils donneront des ordres et instructions pour les faire rectifier sous leurs yeux.

ART. CXXVI.

Si elles sont entièrement défectueuses.

Si les tables sont défectueuses au point de ne pouvoir s'en servir, les vérificateurs les feront recommencer ; et, dans le cas où les enregistremens ne contiendroient pas les éclaircissemens suffisans pour cette nouvelle confection, ils prendront note des actes qu'il faudra relever dans les dépôts publics pour corriger l'imperfection.

ART. CXXVII.

Si elles sont arriérées.

Lorsqu'elles ne seront pas faites ou continuées jusqu'au jour, les vérificateurs y feront travailler sur-le-champ par le receveur et les surnuméraires, et les dirigeront dans ce travail.

ART. CXXVIII.

Comparaison des tables entr'elles.

Ils compareront les tables les unes aux autres pour découvrir les droits négligés, les fausses évaluations, omissions ou fausses indications de décès ; ils apporteront d'autant plus de célérité et de soin à constater ce genre de découvertes, que l'art. XVIII de la loi du 19 décembre 1790, n'accorde que de brefs délais pour former des demandes contre les redevables ou contrevenans.

ART. CXXIX.

Examen des enregistremens.

Ils liront, avec la plus grande attention, tous les enregistremens, afin de reconnoître, 1°. s'ils sont dans la forme prescrite par l'art. XXIX ci-devant.

2°. Si les perceptions des droits résultans des dispositions enregistrées ont été réglées conformément à la loi.

Art. CXXX.

Vérification des actes privés, enregistrés après les six mois de leur date.

Ils examineront si, relativement aux actes privés, tels que les inventaires, autres que ceux de commerce entre associés, les traités de mariage, les actes portant transmission de propriété ou d'usufruit de biens immeubles, enregistrés après le délai de six mois, à compter du jour de leur date, les receveurs ont été exacts à exiger le payement du double droit, conformément aux 2e et 3e § de l'art. XI de la loi du 19 décembre 1790.

Art. CXXXI.

Vérifications des perceptions des droits de la seconde classe.

Ils examineront également si, pour les actes de la seconde classe, les receveurs ont perçu un droit moindre de 30 sols; et si la déduction ordonnée par la cinquième section de l'art. V de la loi du 19 décembre 1790 a été faite, si elle ne l'a été que dans les cas prévus, et si elle a été bien réglée.

Art. CXXXII

Vérifications des prix et estimations.

Ils vérifieront s'il n'y a pas de fraude dans le prix des actes translatifs de propriété; si dans les estimations on a déclaré la véritable quotité de la contribution foncière; s'il n'y a pas d'omission dans les déclarations, et s'il a été fait les diligences nécessaires pour la liquidation définitive des droits des actes qui ont donné lieu au droit provisoire.

ART. CXXXIII.

Relevés préalables des vices de perception.

Après ces différens examens et vérifications, ils feront aux receveurs les observations auxquelles il y aura lieu, et leur donneront les instructions dont ils auront besoin. Ils transcriront ensuite, sur des feuilles particulières les enregistremens qui paroîtront contenir des vices de perception, pour en faire l'usage indiqué par les articles CXLVII, CXLVIII et CXLIX ci-après.

ART. CXXXIV.

Examen des renvois.

Les enregistremens qui contiennent des dispositions à renvoyer à un autre bureau, doivent être émargés du mot *relevé*. Les vérificateurs s'assureront de l'exactitude de cet émargement; et en cas d'omission du relevé ou de la note marginale, ils y suppléeront.

ART. CXXXV.

Vérification des calculs.

Ils examineront si tous les droits enregistrés ont été tirés hors ligne; si l'on n'auroit pas transporté dans la colonne des sous, des sommes qui devoient être portées dans la colonne des livres, *et vice versa*; si les sommes portées dans lesdites colonnes ont été bien calculées; si le total en a été constaté au bas de chaque page; si ce total a été reporté d'une page à l'autre et successivement jusqu'à la fin du mois; si la somme de chaque mois a ensuite été reportée exactement dans chaque arrêté du quartier, et dans les comptereaux faits entre les receveurs et les inspecteurs ; si les receveurs n'ont pas passé des *gratis*, fait remise ou modérations de quelques droits, de doublemens de droits, ou d'amendes ; s'ils n'en ont pas laissé en souffrance sur les registres ; si le montant des forcemens de recette, ordonnés par la régie ou le directeur, a été enregistré ; enfin, si les droits de donations entre-vifs, transcrites sur les registres de forme dans les bureaux établis près les tribunaux de districts, ont été portés en recette sur les registres destinés à leur enregistrement.

ART. CXXXVI.

Procès-verbaux des erreurs de calcul.

Ils rapporteront un procès-verbal indiquant, article par article, la nature et l'objet des erreurs, etc. ; ils feront reconnoître chaque article par les receveurs s'ils sont encore vivans, et par leurs héritiers ou ayans-cause s'ils sont décédés ; ils transcriront ensuite leur procès-verbal sur le registre des actes civils à la date courante, et le résultat, déduction faite des erreurs reconnues au préjudice du receveur, sera tiré à la marge gauche, pour en compter par un comptereau particulier, et dans la forme prescrite par l'art. LVI de la loi du 27 mai 1791.

ART. CXXXVII.

Vérification des soustractions de recette.

Ils vérifieront en même-tems si les receveurs, après les arrêtés de quartier, n'ont pas substitué aux sommes qui étoient portées dans leurs enregistremens et dans les comptereaux, des sommes plus considérables ; s'ils n'ont pas fait, après coup, des enregistremens d'actes, jugemens, ou exploits en marge, ou à la fin de quelques anciens enregistremens, dans les cases des vus des employés supérieurs ou dans celles des arrêtés.

ART. CXXXVIII.

Procès-verbaux des soustractions de recette.

Si par cette vérification ils découvrent des infidélités, ils les comprendront dans le procès-verbal qu'ils devront clorre, après la vérification entière de la régie du receveur, ainsi qu'il sera prescrit par l'article CLVII ci-après.

OPÉRATIONS *extérieures.*

ART. CXXXIX.

Transport chez tous les officiers publics.

Les vérificateurs se transporteront successivement chez tous les notaires, greffiers de jurisdictions, les secrétaires des corps administratifs et municipalités, et les huissiers domiciliés dans l'arrondissement du bureau où ils travailleront, pour y faire les vérifications, recherches et relevés nécessaires, et se rendre certains s'ils ont rempli toutes les obligations que la loi leur impose. Ils observeront que les ordonnances ou règlemens sur le libellé des exploits subsistans toujours, il est bien essentiel de tenir la main à leur exécution par rapport à l'enregistrement des actes sous signatures privées.

ART. CXL.

Vérification et répertoires.

Ils se feront d'abord représenter les répertoires que lesdits officiers sont obligés de tenir, conformément à l'art. XIV de la loi du 19 décembre 1790, et vérifieront s'ils y ont porté,

porté, jour par jour, tous les actes qui doivent y être inscrits, notamment les actes délivrés en brevet, et les donations et dispositions à cause de mort. Dans le cas de contravention aux dispositions de cet article, ils rapporteront procès-verbal contre le notaire, le greffier ou l'huissier contrevenant, et concluront au payement des sommes dont il aura encouru la peine.

ART. CXLI.

Si les répertoires ne sont pas en papier timbré.

Si ces répertoires ne sont pas en papier timbré, ils en rapporteront également procès-verbal contre l'officier contrevenant, à moins que celui-ci ne consente d'acquitter l'amende prononcée par l'art. XIII de la loi du 11 février 1791, et les droits de timbre des feuilles non marquées du timbre.

ART. CXLII.

Relevés d'extraits sur les répertoires.

Ils relèveront sur les répertoires un nombre suffisant d'extraits, d'actes et exploits, pour en faire la comparaison avec les registres de recette, et s'assurer de l'exactitude, tant des officiers publics, que des receveurs.

ART. CXLIII.

Communication des actes.

Ils demanderont seulement la communication de tous les actes passés dans l'année antérieure au jour de la demande, et en tireront les extraits qui pourront leur être nécessaires.

A l'égard des actes plus anciens, ils ne pourront en requérir la lecture que sur ordonnance du juge, en indiquant leur date et les noms des parties contractantes. S'ils ont besoin d'en lever des expéditions ou extraits, ils payeront à l'officier les salaires fixés par l'art. XIV de la loi du 19 décembre 1790.

ART. CXLIV.

Les actes ne doivent jamais être déplacés.

Ils ne pourront, sous quelque prétexte que ce soit, pas même du consentement des officiers publics, déplacer aucunes minutes, à peine de demeurer responsables des événemens, et de tous dépens, dommages et intérêts qui pourroient en résulter.

ART. CXLV.

Vérification des paraphes des receveurs, etc.

Ils vérifieront sur chaque minute si le receveur a été exact à parapher le nombre des rôles et des renvois approuvés des parties ; si les relations sont signées par cet employé, et si elles contiennent le détail des droits perçus sur chaque disposition.

ART. CXLVI.

Lecture des actes et vérifications subséquentes.

Ils feront une lecture approfondie de tous les actes, jugemens et exploits dont ils sont autorisés à demander la communication ; ils vérifieront s'ils ont été soumis à l'enregistrement dans les délais fixés par les articles VIII et X de la loi du 19 décembre 1790 ; et dans le cas contraire, si le receveur a exigé les sommes auxquelles se trouveront monter les peines ordonnées par lesdits articles.

ART. CXLVII.

Vérification de perception.

Ils s'assureront si toutes les perceptions sont conformes à la loi; ils vérifieront en même-tems celles déjà relevées lors de l'examen des enregistremens; et lorsqu'ils en auront constaté l'irrégularité par la lecture des actes, ils les ajouteront aux autres perceptions que cette lecture aura fait reconnoître vicieuses.

ART. CXLVIII.

Vices de perceptions qui seront rectifiés sur-le-champ.

Si le vice de perception consiste dans une erreur de fait, ou si la perception est évidemment contraire à la loi, le vérificateur le fera reconnoître par le receveur, et il portera le supplément en recette à la date courante, en faisant les mentions nécessaires en marge de l'enregistrement; ou il ordonnera la restitution, en observant et faisant observer les formes prescrites par l'article suivant.

ART. CXLIX.

Formation des forcemens et restitutions.

A l'égard des autres articles sur lesquels l'administration devra prononcer, le vérificateur les portera, par ordre de numéros, sur les états à ce destinés. La première colonne contiendra, *mot pour mot*, copie des enregistremens. Le vérificateur certifiera au-dessous qu'il a vu l'acte y relatif, et en analysera les dispositions dans le cas où le contexte de l'enregistrement seroit insuffisant ou inexact. Il expliquera ensuite ses motifs de forcement ou de restitution, et aura toujours l'attention de faire donner, par le receveur, ses observations sur chaque article, et de lui faire signer l'état qui les renfermera.

Les vérificateurs conserveront des copies de ces états, et ils en adresseront les minutes, sans retardement, au directeur, après les avoir certifiées, datées et signées.

ART. CL.

Exécution des ordres de forcemens ou de restitution.

Lorsque la régie aura donné ses décisions sur les états de forcemens et restitutions, et que le directeur les aura fait passer aux vérificateurs, ces derniers les transcriront sur les copies qu'ils auront conservées desdits états, et établiront ensuite en marge des enregistremens, tant les forcemens, que les restitutions, avec les motifs qui les auront déterminés, afin qu'ils puissent servir d'instruction aux receveurs, et les empêcher de retomber, par la suite, dans les mêmes erreurs; et pour mettre les inspecteurs en état de faire compter les receveurs du montant des forcemens, les vérificateurs en porteront le produit, article par article, à la date courante, sur les registres auxquels les forcemens seront relatifs, et tireront chaque somme hors ligne avec les droits courans.

A l'égard des restitutions, ils les consigneront sur le sommier certain, et les émargeront d'un ordre au receveur de les effectuer, sans différer, dans la forme prescrite par l'article LXXV ci-devant.

ART. CLI.

Forcemens à suivre sur les parties.

Lorsque le receveur, dans la régie duquel les forcemens auront été relevés, sera décédé, ou qu'il ne sera plus en place, et que l'administration, par ces motifs ou par tous autres, aura ordonné que le recouvrement des supplémens de droits sera suivi sur les parties, les vérificateurs en consigneront les articles au sommier certain, en les émargeant d'un ordre au receveur en exercice, de faire les diligences nécessaires pour en déterminer promptement le payement, à peine d'en demeurer responsable, et d'en compter personnellement s'il ne justifioit pas de poursuites faites en tems utile.

ART. CLII.

Vérification des actes sous signatures privées ou passés en pays étranger.

Ils s'assureront si lesdits officiers publics n'ont pas rédigé des actes en conséquence d'actes sous signatures privées, ou passés dans les colonies ou en pays étranger, et qui n'auroient pas été enregistrés; s'ils ont reçu en dépôt lesdits actes sans les avoir soumis à l'enregistrement. Dans le cas de contraventions de cette espèce, ils décerneront des contraintes contre les officiers contrevenans, pour le payement du double des droits des actes qui n'auront point reçu la formalité, conformément aux articles X et XIV de la loi additionnelle du 9 octobre 1791.

ART. CLIII.

Notes des droits échus et non acquittés à prendre sur les minutes.

Ils prendront sur les minutes des actes, jugemens et exploits, à mesure qu'ils les vérifieront, des notes des successions directes ou collatérales qui seront échues, de toutes les mutations d'immeubles réels ou fictifs, et des donations éventuelles dont lesdits actes donneront indication : ces notes comparées avec les tables alphabétiques, feront connoître les droits ouverts qui n'auront pas été acquittés, et mettront le vérificateur ou état d'en faire article sur les sommiers pour en suivre le recouvrement.

Art. CLIV.

Examen des inventaires pour y relever les actes sous signatures privées, y énoncés et non enregistrés.

Ils examineront attentivement tous les inventaires reçus par les notaires et greffiers, et feront un relevé exact de toutes les ventes, échanges, partages avec soulte, démissions, et généralement de tous les actes translatifs de propriété ou d'usufruit, faits sous signatures privées, énoncés dans lesdits inventaires et non enregistrés, pour en faire acquitter les droits par les parties, de quelque date que soient lesdits actes, attendu qu'elle ne peut être opposée, pour la prescription, aux termes de l'article XI de ladite loi additionnelle du 9 octobre 1791.

Art. CLV.

Vérification des registres et minutes des greffes relativement au timbre.

Ils vérifieront si ceux des registres, minutes et actes des greffiers des tribunaux qui doivent être en papier timbré, ont été soumis à cette formalité; et dans le cas contraire, ils en rapporteront procès-verbal contre le greffier contrevenant, si cet officier ne consent pas d'acquitter le droit de timbre, et l'amende prononcée par l'art. XIII de la loi du 11 février 1791.

Art. CLVI.

Notes à prendre dans les greffes.

Lors de l'examen des registres et minutes des greffes, ils prendront des notes des exploits, billets, obligations, et autres actes sous signatures privées, qui auront servi de base aux demandes, pour vérifier si ces actes ont été préalablement enregistrés; et, dans le cas de contravention, ils décerneront des contraintes, soit contre le greffier, soit contre les huissiers, pour leur faire acquitter les sommes résultantes de leur contravention.

ART. CLVII.

Copies des relations du receveur à prendre sur les actes pour confronter avec les enregistremens.

Enfin, ils lèveront un nombre suffisant de copies des relations mises sur les actes civils ou judiciaires, et les exploits reçus par les notaires, greffiers, secrétaires et huissiers, pour s'assurer, en les confrontant avec les enregistremens, de la fidélité des receveurs, et c'est à cette époque qu'ils pourront clorre le procès-verbal mentionné en l'article CXXXVIII ci-devant.

ART. CLVIII.

Relevés des extraits des rôles des contributions, des appréciations des grains, et des extraits de sépulture.

Il a été recommandé aux receveurs par les art. LXXXIII et LXXXIV ci-devant, de former un sommier des extraits des rôles des contributions foncières et mobiliaires, et un sommier des apprécis des grains et denrées, et une table des extraits de sépulture; et si ces objets essentiels n'étoient pas en règle, les vérificateurs auroient soin d'y suppléer.

ART. CLIX.

Confection des sommiers des domaines.

Ils suppléeront encore à ce que les receveurs n'auroient pu faire avec succès relativement à la confection des sommiers des domaines nationaux corporels et incorporels, des produits des rachats, des bois, amendes et confiscations forestières, et à la recherche des terriers, oucilloirs, lièves, baux, et des autres papiers et documens nécessaires à la perception des revenus des domaines nationaux.

ART. CLX.

Opérations communes aux vérificateurs à l'égard des biens nationaux.

Ils seconderont avec zèle les receveurs dans toutes les opérations tendantes à la conservation et amélioration des biens nationaux, à l'exacte perception de leurs produits, et à la juste liquidation du prix des rachats des droits ci-devant féodaux.

ART. CLXI.

CONTENTIEUX.

Démarches à faire pour accélérer le jugement des instances.

Les vérificateurs ne peuvent comparoître ni défendre.

Cas d'exception.

Lorsque les vérificateurs travailleront dans un bureau près un tribunal de district, ils feront les démarches nécessaires pour accélérer les jugemens des instances engagées relativement à la perception des droits; mais ils ne comparoîtront, ni ne défendront, sans y être autorisés par l'administration ou le directeur, si ce n'est qu'ils en soient expressément requis par les juges, ou dans les cas sommaires dont ils rendront compte au directeur, à peine d'être responsables en principal et intérêts des condamnations qui pourroient être prononcées contre l'administration.

CORRESPONDANCE.

ART. CLXII.

Règles à observer.

Les vérificateurs n'entretiendront une correspondance directe avec la régie, que dans les cas prévus ci-devant; pour tous les autres objets, ils s'adresseront immédiatement à leur directeur. Toutes leurs lettres, même leurs réponses, seront

seront écrites à mi-marge, sauf si c'est une réponse, à rappeller, au commencement de leur lettre, celle à laquelle ils répondent.

Ils en écriront une pour chaque question ou chaque affaire, et ne comprendront jamais, dans la même lettre, deux objets différens.

JOURNAUX *du travail.*

Art. CLXIII.

Journal par quinzaine.

Les vérificateurs enverront au directeur, à l'expiration de chaque quinzaine, un journal de leur travail, rédigé sur les feuilles destinées à cet objet.

Art. CLXIV.

Rédaction des journaux.

Ces journaux contiendront l'exposé clair et précis de toutes leurs opérations préliminaires dans le bureau, et de celles qu'ils auront faites successivement, tant dans l'intérieur, qu'à l'extérieur.

Ils y rendront un compte exact de toutes les parties de comptabilité, d'ordre et de manutention.

Ils entreront dans les explications nécessaires sur les erreurs, négligences et abus qu'ils auront remarqués par suite des examens et vérifications particulières qui leur ont été prescrits par les différens articles ci-devant.

Ils feront connoître, 1°. le nombre et le montant des erreurs de calcul reconnues, tant au préjudice de l'administration, que des receveurs; 2°. le résultat de leur vérification des officiers publics, et le plus ou moins d'exactitude de ces officiers à remplir leurs obligations relatives à la régie; 3°. le nombre et l'espèce, tant des articles de leurs découvertes, que de ceux qu'ils auront constatés, en indiquant d'ailleurs le genre des opérations dont ces articles seront provenus, et les numéros sous lesquels ils auront été consignés sur les sommiers, et en observant de joindre toujours au journal copie des articles certains, afin que le directeur puisse juger de leur solidité; 4°. enfin, le nombre et le montant, soit des forcemens de recette ou restitutions qu'ils auront relevés, dont les états auront été adressés au directeur, soit des soustractions de recettes et autres irrégularités desquelles ils auront fait passer le procès-verbal au directeur.

Tableau du recouvrement.

Ils termineront chaque journal par le tableau du recouvrement qu'ils auront déterminé. Ce tableau sera divisé en sept colonnes indicatives. 1°. Du numéro du sommier certain sous lequel l'article recouvré étoit consigné; 2°. de la nature de l'article; 3°. de la date de l'ouverture du droit; 4°. du montant du droit; 5°. de celui des droits en sus; 6°. de la date des payemens. La septième colonne contiendra les observations dont quelques-uns des articles pourroient être susceptibles. Le vérificateur aura soin d'additionner les sommes portées dans les cinquième et sixième colonnes, afin de faire connoître au premier coup-d'œil le total du recouvrement.

ART. CLXV.

Il ne doit être proposé aucune question par les journaux.

Il ne sera proposé, dans les journaux de travail, aucune question relative à des perceptions; et s'il y a lieu d'en présenter, elles le seront par lettres ou sur des feuilles particulières qui accompagneront les journaux, en observant de n'en proposer jamais sur des suppositions, mais seulement sur des actes, ou sur des faits existans.

Art. CLXVI.

Le journal qui précédera immédiatement la sortie d'un bureau, contiendra une récapitulation générale et sommaire de toutes les vérifications et opérations faites par le vérificateur pendant son séjour dans le bureau, et des avantages qui en seront résultés; la comparaison de la situation des sommiers et tables alphabétiques de toute nature, lors de son arrivée, avec la situation des mêmes objets, au moment de son départ; l'indication du travail que son départ du bureau, ordonné par des circonstances extraordinaires, l'auroit empêché de faire pour le complément de l'ordre dans toutes les parties de la régie; et des observations exactes sur la conduite, les talens et l'assiduité, tant du receveur, que des surnuméraires qui travailleront dans son bureau. Récapitulation générale du travail.

Cette récapitulation, à l'exception des observations sur le receveur et les surnuméraires, sera transcrite en entier sur le sommier certain des droits d'enregistrement, à la date courante, et certifiée et signée par le vérificateur.

Art. CLXVII.

Les vérificateurs conserveront des copies de leurs journaux de travail, pour y transcrire les observations du directeur et les réponses de l'administration. Copies des journaux.

ART. CLXVIII.

INSPECTEURS.

Condition pour être nommé inspecteur.

Nul ne pourra être nommé inspecteur qu'il n'ait été vérificateur au moins trois ans.

ART. CLXIX.

Serment.

Les inspecteurs ne pourront exercer leurs fonctions sans avoir prêté serment devant les juges de district du chef-lieu de leur division, conformément à l'art. VI de la loi du 1er juin 1791, et ils seront tenus de remettre au directeur une expédition en forme de l'acte de prestation.

ART. CLXX.

Cautionnement.

Ils fourniront un cautionnement de 40,000 livres avant que leur procuration puisse leur être délivrée.

ART. CLXXI.

Résidence.

La résidence des inspecteurs sera près du directeur lorsque leur inspection s'étendra sur la totalité du département ; et quand elle n'en embrassera qu'une partie, ils résideront au de celui du district le plus au centre de leur division.

Art. CLXXII.

Ils ne quitteront pas le département, ou la division à laquelle ils seront attachés, sans un ordre, par écrit, de l'administration, à peine d'être privés de leurs traitemens et remises, à compter du jour de leur départ. Cas d'absence.

Lorsqu'ils auront obtenu un congé, ils cesseront de jouir de leurs émolumens après quinze jours d'absence.

Art CLXXIII.

Les inspecteurs sont préposés pour faire des tournées de recouvrement et des contre-tournées aux époques prescrites; surveiller la conduite des receveurs dans tous les points; s'assurer s'ils remplissent exactement leurs fonctions, et se conforment aux ordres de régie qui les concernent; leur donner les instructions nécessaires; les faire compter dans la forme requise du produit de leurs recettes; contraindre, par les voies de droit, ceux qui sont en débet; verser les deniers qu'ils reçoivent aux caisses des trésoriers de district, aux termes et de la manière qui leur est ordonnée; faire les vérifications autorisées chez les notaires, greffiers et huissiers, et dans tous les dépôts publics; relever les perceptions irrégulières, ainsi que les droits négligés ou recélés; rapporter des procès-verbaux des contraventions aux dispositions des loix relatives à la régie; suivre par eux-mêmes et faire suivre par les receveurs l'apurement des articles consignés sur les sommiers, et défendre, d'après les ordres du directeur, les instances engagées dans les tribunaux de district. Leurs fonctions.

ART. CLXXIV.

Subordination, etc.

Ils seront sous les ordres et la surveillance immédiate du directeur. Ils observeront, vis-à-vis des officiers publics et des redevables, les ménagemens et les égards convenables, et chercheront à mériter, par leur conduite, l'estime et la confiance des corps administratifs.

ART. CLXXV.

Ils ne peuvent établir, destituer ni suspendre aucuns employés.

Ils ne pourront établir, destituer ni suspendre de leurs fonctions, aucuns employés, sans un ordre, par écrit, de l'administration ou du directeur, si ce n'est en cas de nécessité urgente, et à la charge d'en rendre compte au même instant à la régie et au directeur.

ART. CLXXVI.

Ils ne peuvent faire aucune remise ni modération des droits et amendes.

Ils n'accorderont jamais de remises ou modérations des droits et amendes, à peine d'en compter personnellement.

ART. CLXXVII.

Ils tiendront un sommier général des articles des droits certains.

Ils seront tenus de se pouvoir d'un sommier certain sur lequel ils inscriront à mi-marge les extraits de tous les articles de droits certains, sur les sommiers de chacun des bureaux de leur division, en rappellant à la marge gauche le N°. du bureau et celui de la direction, afin d'être en état de surveiller et de diriger les receveurs en leur prescrivant, sur chaque article, les diligences nécessaires.

Art. CLXXVIII.

Ils tiendront un sommier particulier, également à mi-marge, des instances introduites dans les mêmes bureaux. Chaque page ne devra contenir que deux articles. Ils établiront à la marge droite, — Ils tiendront aussi un sommier des instances.

1°. Le numéro du sommier de la direction;

2°. La date de la communication de la requête;

3°. L'objet de l'instance;

4°. Les noms, demeures et qualités des parties;

5°. Le précis de leurs moyens ou des demandes faites par les préposés de la régie.

La marge gauche sera destinée aux observations. Les inspecteurs indiqueront en tête le district et le bureau, les réponses qui auront été faites, la date du jugement dont ils énonceront le dispositif, les poursuites et diligences faites pour [illegible] déterminer l'exécution; enfin, la date de la consommation de l'affaire. Alors, ils rayeront l'article.

Ce sommier sera terminé par une table alphabétique, sous les noms propres des parties, avec indication du numéro de l'article.

Art. CLXXIX.

Les opérations des inspecteurs sont périodiques et se divisent en deux parties; savoir, les tournées de recouvrement et les contre-tournées. — Division de leurs opérations.

TOURNÉES DE RECOUVREMENT.

ART. CLXXX.

Époques des tournées.

Les inspecteurs entreront en tournée les premiers jours des mois de janvier, avril, juillet et octobre, sans pouvoir différer sous aucun prétexte. En cas d'indisposition, ils auront soin d'en prévenir sur-le-champ la régie et le directeur, afin que les ordres nécessaires pour les faire suppléer puissent être donnés.

ART. CLXXXI.

Journaux de recette et dépense.

Ils tiendront un journal de recette et dépense, qui sera coté et paraphé par un des juges du tribunal du district du chef-lieu de leur division, et ils y porteront, par suite de numéros, jour par jour, et sans y laisser aucun blanc, toutes les recettes et dépenses de chaque bureau, tant celles pour le quartier échu, que celles à-compte sur le quartier courant.

ART. CLXXXII.

Mode dans la tenue desdits journaux.

En enregistrant les recettes, ils auront attention de les diviser en autant d'articles qu'il y aura de droits ou de recouvremens d'espèces différentes; ils sépareront de même les diverses natures de dépenses, de manière que l'on puisse reconnoître celles relatives aux frais de régie, et distinguer les versemens faits pour le compte du trésor national, de ceux qui concerneront la caisse de l'extraordinaire.

EXEMPLE.

EXEMPLE.

DISTRICT D

BUREAU D'

Reçu du Sieur   Receveur de la Régie, à
la somme de trente-trois mille six cent trente-neuf livres,

SAVOIR:

				RECETTE.	DÉPENSE.
Trésor national.	Actes civils	3059	15737 » »	l. s. d. 33639 » »	
	Actes judiciaires	1235			
	Actes d'Huissiers	653			
	Déclarations.	4387			
	Timbre	962			
	Bois.	5226			
	Amendes.	215			
Caisse de l'Extraordinaire.	Domaines affermés	3250	17902 » »		
	Domaines régis.	1965			
	Cens et rentes	533			
	Droits casuels	1829			
	Rachats	10325			
	Total de la Recette.			33639 » »	
	Pour payer,				
	Remises du Receveur.	840 19 6	4820 19 6		33639 » »
	Restitutions, dont les quittances sont dans la forme requise	100 » »			
	Exécutoires.	250 » »			
	Ordonnance du Directoire du Département, pour réparations	535 » »			
	Autre d'*idem* pour *idem*	1039 » »			
	Quittances de contributions	624 » »			
	Quittance du Sieur pour fourniture de papier timbré	1264 » »			
	Frais de voiture	155 » »			
	Ports de lettres	13 » »			
	Récépissés du Trésorier de District, pour le Trésor public, du N°. .	2500 » »	10200 » »		
	Autre, du même, du N°. . . .	3800 » »			
	Autre, du même, du N°. . . .	3900 » »			
	Autre du même, pour la Caisse de l'Extraordinaire, du N°.	6300 » »	16200 » »		
	Autre *idem*, du N°	5450 » »			
	Autre *idem*, du N°	4450 » »			
	En Assignats	1500 » »	2419 » 6		
	Especes.	919 » 6			
	Somme pareille à la recette		33639 » »		33639 » »

I.

ART. CLXXXIII.

Communication de leur itinéraire à la régie et au directeur.

Les inspecteurs, avant de commencer leurs tournées, donneront au directeur et à la régie communication de l'itinéraire qu'ils se proposeront de suivre, pour qu'ils puissent recevoir, à tems utile, les ordres et instructions que le bien du service pourroit exiger de leur transmettre sans retardement.

ART. CLXXXIV.

Direction de leur marche.

Ils dirigeront leur marche de manière à parcourir successivement tous les bureaux qui seront établis dans un même district, en réservant pour le dernier celui du chef-lieu. Ils éviteront, en conséquence, de passer d'un district dans un autre, sans avoir apuré la comptabilité de tous les bureaux du district qu'ils quitteront immédiatement.

ART. CLXXXV.

Ils doivent se transporter dans tous les bureaux.

Ils se transporteront dans les bureaux de leur division, *sans en excepter aucun*, ni pouvoir se faire suppléer par qui que ce soit.

ART. CLXXXVI.

Ils ne pourront jamais déplacer les registres.

Ils ne pourront, sous quelque prétexte que ce soit, faire sortir aucun receveur du lieu de sa résidence, pour leur apporter les registres, ni permettre qu'il les lui envoie ou les déplace de son bureau, à peine de demeurer personnellement responsables des évènemens qui pourroient en arriver, et sauf à l'administration à prendre ultérieurement contre eux la détermination relative aux circonstances.

Art. CLXXXVII.

Vus en tournée.

En arrivant dans un bureau, ils mettront leur vu sur le registre de l'enregistrement des actes civils, dans la case en blanc qui suivra immédiatement, ou le dernier enregistrement, ou le dernier arrêté du receveur; ce vu sera en ces termes: « *Vu par nous, inspecteur en tournée de recon-* » *vrement, ce* , et ils signeront ».

Art. CLXXXVIII.

Ordre à suivre dans leur travail.

Ils feront successivement l'examen des enregistremens et des perceptions; la vérification des calculs; celle des restans en nature des papiers timbrés, et l'arrêté des produits sur chaque registre; ils procéderont ensuite à la formation des comptoreaux et bordereaux de dépense; ils feront solder les comptes, et verseront les deniers aux caisses de districts; enfin, ils se feront remettre les feuilles de renvois, et examineront les sommiers, les tables alphabétiques et la correspondance du receveur, dans les cours du quartier, soit avec la régie, soit avec le directeur et les vérificateurs.

Art. CLXXXIX.

Examen des enregistremens.

Ils vérifieront si les enregistremens sont dans la forme prescrite par l'art. XXIX des ordres concernant les receveurs ; si les renvois des articles qui intéressent d'autres bureaux ont été relevés, et si les receveurs ont eu l'attention d'en faire la remarque par le mot *relevé*, en marge de l'enregistrement, au-dessous duquel l'inspecteur mettra le mot *vu*. Dans les cas contraires, ils feront à ces employés les observations convenables, et tiendront la main à ce qu'ils remplissent exactement leurs obligations sur ces points essentiels de régie.

ART. CXC.

Examen général des perceptions.

Ils s'assureront si la perception des droits des dispositions enregistrées, est conforme à la loi. Lorsqu'elle y sera évidemment contraire, ou qu'il y aura erreur de fait dans la liquidation, l'inspecteur la fera reconnoître par le receveur, et portera le supplément du droit en recette à la date courante, en faisant les mentions nécessaires en marge de l'enregistrement, où il ordonnera la restitution, en observant et faisant observer les formes prescrites par l'art. LXXV ci-devant.

A l'égard des autres vices de perception sur lesquels la régie devra prononcer, les inspecteurs se conformeront, avec la plus grande exactitude, à ce qui a été ordonné par les articles CXLIX, CL et CLI précédens.

ART. CXCI.

Examen particulier de la perception des droits et revenus domaniaux.

Avant d'arrêter les produits des droits et revenus des domaines nationaux, les inspecteurs se feront représenter tous les documens nécessaires pour s'assurer de la régularité des perceptions.

SAVOIR:

Pour les lods et ventes et les droits seigneuriaux ; les articles des loix et coutumes qui en déterminent la quotité.

Pour les cens, rentes et redevances en argent ; les articles correspondans des terriers, lièves et cueilloirs.

Pour les mêmes objets payables en grains et denrées ; outre les terriers et cueilloirs, le tableau des mercuriales des marchés des lieux.

Pour les revenus des domaines, maisons et autres biens affermés ; les baux courans.

Pour le prix de la vente des bois ; les procès-verbaux des adjudications.

Pour les épaves, bâtardises et deshérences ; également les procès-verbaux des adjudications.

Enfin, pour le rachat des droits féodaux ; les liquidations qui en auront été vérifiées par le directeur ou la régie, et visées du directoire du département.

ART. CXCII.

Vérification des calculs.

Les inspecteurs examineront attentivement si tous les droits enregistrés ont été tirés hors ligne ; si le receveur n'auroit pas transporté des livres dans la colonne des sols, et des sols dans celle des deniers, et *vice versa* ; s'il n'auroit pas laissé des droits en souffrance, passé des gratis, fait remise ou modération de quelques droits, de doublement de droits ou d'amendes : enfin, si les droits, des donations entre-vifs, transcrites sur les registres de forme, dans les bureaux établis près les tribunaux de district, ont été portés en recette sur les registres destinés à leur enregistrement; ils rétabliront sur-le-champ, dans l'ordre requis, tous les objets de ce genre qui se trouveroient ne pas y être.

Art. CXCIII.

Calculs au bas de chaque page, et report d'une page à une autre.

Ils établiront, en toutes lettres, au bas de chaque page, la somme des calculs, et la reporteront en chiffres, d'une page à une autre, jusqu'à la fin de chaque mois.

Art. CXCIV.

Arrêtés sur les registres des produits du quartier.

Ils feront sur chaque registre de recette, en marge du dernier enregistrement, un arrêté des produits du quartier, dans la forme ci-après :

Mois de	Vu et arrêté les produits
Mois de	du quartier de
Mois de	à la somme de
Total.	
	le et signeront.

Art. CXCV.

Calcul de la débite des papiers timbrés.

Ils visiteront l'endroit où seront déposés les papiers timbrés, pour s'assurer s'ils sont dans un lieu sec et sûr : de suite, ils constateront les quantités restantes en nature, et la débite qui aura été faite depuis leur dernier arrêté.

Art. CXCVI.

Formation des comptereaux.

Après ces différens examens, calculs et arrêtés, les inspecteurs procéderont à la formation des comptereaux de chaque nature de droit, dont un double restera aux receveurs pour leur décharge ; l'autre sera rapporté par les inspecteurs à la direction, au soutien des comptes qu'ils auront à y rendre.

Art. CXCVII.

Remises des receveurs.

Les remises des receveurs leur seront allouées sur le pied que l'administration les aura réglées, d'après l'autorisation portée par la loi additionnelle du 9 octobre 1791, et les inspecteurs auront soin d'en rapporter des quittances sur papier marqué du timbre proportionnel.

Art. CXCVIII.

Bordereau général des recettes et dépenses.

Le bordereau général des recettes et dépenses, au dos du comptereau des droits d'enregistrement, contiendra, d'un côté, l'énumération des produits *bruts*, et de l'autre, celle des dépenses, en commençant par les remises du receveur. L'inspecteur écrira entièrement de sa main le bordereau qu'il laissera au receveur, et ce dernier fera de même pour celui que l'inspecteur rapportera à la direction

Art. CXCIX.

Dépenses qui pourront être allouées.

Il ne sera passé aux receveurs aucunes dépenses que celles légalement autorisées, et qui seront revêtues des formes prescrites, et telles qu'elles sont mentionnées aux articles LXIX, LXX, LXXI, LXXII, LXXIII, LXXIV et LXXV ci-devant.

ART. CC.

Responsabilité des inspecteurs, relativement aux erreurs de calculs, etc.

Les inspecteurs qui auront fait des erreurs de calculs ou des omissions de reports, soit sur les registres, soit dans les comptereaux; qui auront laissé des droits en souffrance sur les registres de recette; qui auront accordé des remises ou modérations de droits, de droits en sus, ou d'amendes; qui auront passé des gratis; qui n'auront pas fait compter du montant des forcemens de recettes, ordonnés par la régie ou le directeur; enfin, qui auront alloué des d[illegible]ses dans une forme irrégulière, demeureront personnellement responsables et comptables de tous ces objets.

ART. CCI.

Contrainte à décerner contre les receveurs en débet.

Ils feront compter les receveurs de la totalité des recettes dont ils auront arrêté le produit; et s'ils reconnoissent un déficit, ils décerneront sur-le-champ, pour le paiement du débet, une contrainte qu'ils feront signifier, tar[illegible] au receveur reliquataire, qu'à sa caution, et ils en infor[illegible]eront de suite l'administration et le directeur : ils fermeront même la main à ce receveur, si la sûreté des deniers l'exige.

ART. CCII.

Versemens aux caisses de districts.

Ils verseront très-exactement, à la caisse de chaque district, les produits des recettes des bureaux qui en dépendent, conformémen conformément à l'art. XIII de la loi du 29 mai 1791, et s'assureront si les receveurs près des chefs-lieux y versent régulièrement chaque semaine; dans le cas contraire, ils feront effectuer sur-le-champ les versemens retardés, et en rendront compte, tant à la régie, qu'au directeur.

ART. CCIII.

Ils auront soin d'accompagner les versemens qu'ils feront aux caisses de district, de bordereaux disposés dans la forme prescrite, et veilleront à ce que les receveurs près des districts en usent de même. Bordereaux qui doivent accompagner ces versemens.

ART. CCIV.

Ils examineront si la somme des recettes de chaque mois est conforme à celle que le receveur aura annoncée dans ses états de produits, et dans ses bordereaux remis aux caisses de district; et en cas de différence, ils en rendront compte à la régie et au directeur. Ils vérifieront l'exactitude des états de mois des receveurs.

ART. CCV.

Les inspecteurs adresseront, à l'expiration de chaque quinzaine, tant au directeur du département, qu'au commissaire régisseur de la division, une copie certifiée et signée d'eux, de leur journal de recette et dépense, ou un certificat négatif. Envoi par quinzaine d'une copie de leur journal de recette et dépense.

ART. CCVI.

Ils se feront remettre par chaque receveur de leur division, 1°. les relevés des renvois qu'il a dû faire et tenir prêts Relevés des renvois.

pour l'époque de leur passage ; 2°. ceux que les inspecteurs auront remis lors de la précédente tournée, et qui auront dû être apostillés par le receveur, soit de la date des payemens, soit du numéro des sommiers, ou du folio des tables alphabétiques sur lesquels ils ont été consignés, desquelles apostilles les inspecteurs ne manqueront pas de constater l'exactitude.

Art. CCVII.

Examen des sommiers.

Ils vérifieront la situation de tous les sommiers, terriers et cueilloirs que les receveurs doivent entretenir, conformément aux ordres de régie qui les concernent. Ils se feront remettre des extraits de tous les articles payés dans le courant du quartier, et des articles nouveaux qui auront été portés sur les sommiers certains pendant le même quartier, afin d'apostiller en conséquence le sommier général qu'ils doivent tenir par-devers eux, et y faire les additions nécessaires. Ils reconnoîtront si les receveurs se sont chargés en recette exactement de toutes les sommes qu'ils ont reçues à-compte des droits consignés sur lesdits sommiers et cueilloirs ; ils prescriront sur les articles douteux les recherches et vérifications qui devront en déterminer l'éclaircissement ; sur les articles certains, les avertissemens et poursuites que les circonstances pourront exiger ; sur les sommiers des biens nationaux, les terriers ou cueilloirs, les démarches et diligences nécessaires pour opérer le recouvrement des termes et arrérages échus. Ils s'assureront si les receveurs observent, dans la manutention de tous ces sommiers, les règles qui leur ont été prescrites ;

s'ils en ont présenté des tableaux fidèles dans leurs états de mois, et si particulièrement ils ont exécuté les ordres qu'ils leur auront donnés dans la tournée précédente.

Art. CCVIII.

Ils apporteront une égale attention à l'examen des tables alphabétiques, et reconnoîtront si les receveurs les tiennent dans l'ordre prescrit et en ont présenté la situation exacte dans leurs états de mois; ils donneront de suite les ordres et instructions nécessaires pour mettre ces employés à même de porter cette partie importante de la régie au point de perfection dont elle est susceptible.

Examen des tables alphabétiques.

Art. CCIX.

Ils auront soin de faire transcrire sur le sommier d'ordres, à leur passage dans chaque bureau, les nouvelles circulaires en instructions qui leur auront été transmises par le directeur avant leur départ pour la tournée.

Sommier d'ordres.

Art. CCX.

Ils se feront rapporter, dans chaque bureau, toutes les lettres écrites au receveur, soit par la régie, soit par les préposés supérieurs; ils verront d'abord si ces lettres sont enliassées par ordre de date; ils s'assureront ensuite si les receveurs ont suivi ponctuellement les ordres et instructions y portés; et dans le cas contraire, ils les obligeront de s'y conformer sans retardement.

Examen de la correspondance.

Art. CCXI.

Envoi à la régie de l'état de comparaison, et compte à rendre de toutes les opérations faites dans le cours de la tournée.

Ils enverront à l'administration, avant de quitter le dernier bureau de leur division, leur état général de comparaison des produits du quartier, avec la copie de la seconde quinzaine de leur journal de recette et dépense, et apporteront, dans la rédaction de ces expéditions, l'attention et l'exactitude qu'elle exige. Ils y joindront une lettre où ils rendront un compte précis et détaillé de toutes les opérations prescrites par les articles précédens, des abus qu'ils auront découverts, des moyens à adopter pour les détruire, enfin de ce qu'ils auront fait ou croiront devoir faire par la suite pour le bien du service.

Art. CCXII.

Arrivée au chef-lieu du département. Expédition à remettre, et travail à faire avec le directeur.

Ils ne se dispenseront, sous aucun prétexte, de se rendre aussi-tôt après leur tournée de recouvrement, au chef-lieu du département. A leur arrivée, ils remettront au directeur, 1°. tous les comptereaux et pièces de recettes et dépenses, avec le compte qu'ils ont à lui rendre; 2°. une copie de la deuxième quinzaine de leur journal de recette et dépenses; 3°. un double de l'état de comparaison des produits de quartier, et de la lettre y relative qu'ils auront écrite à l'administration; 4°. les états des vices de perception; 5°. les feuilles de renvois qui ont dû leur être remises par les receveurs de leur division, ou un certificat négatif signé d'eux et du receveur; 6°. une copie des articles de droits et certains toute nature, consignés sur les sommiers des bureaux de leur division dans le cours du quartier précédent; 7°. un état des sommes payées également dans le cours du quartier précédent par les adjudicataires des bois sur le prix de leur adjudication. Cet état sera, dans la forme du modèle, envoyé aux directeurs, le 17 janvier 1792. 8°. Les états des surnuméraires et des receveurs de leur division qui aspirent à leur avancement, avec leurs observations sur chacun d'eux, en y joignant celles des receveurs relativement aux surnuméraires.

Ils auront, immédiatement avec le directeur, un travail suivi relativement aux articles consignés sur leur sommier général, de même qu'à l'égard des instances. Ils lui feront connoître la situation de chaque objet, les motifs qui suspendront les recouvremens, et prendront sur le tout ses ordres et instructions.

Art. CCXIII.

Les tournées de recouvrement seront complettement achevées, et les comptes rendus dans le cours du premier mois de chaque quartier.

Epoque de la fin des tournées et de la reddition des comptes.

Art. CCXIV.

CONTRE-TOURNÉES.

Les inspecteurs quitteront le chef-lieu du département le premier du mois qui suivra la tournée, pour se rendre de suite au bureau qui leur sera indiqué par le directeur.

Epoques des contre-tournées.

Art. CCXV.

Ils constateront leur arrivée dans ce bureau par un vu sur le registre des actes civils, dans la case en blanc qui

Vus en contre-tournées.

suivra le dernier enregistrement ou l'arrêté du receveur. Ce vu sera en ces termes : *Vu par nous, inspecteur en contre-tournée*, ce   et ils signeront.

ART. CCXVI.

Les opérations de la contre-tournée seront ouvertes par une correspondance générale.

Lorsqu'ils auront vérifié l'état de la caisse du receveur, ils ouvriront les opérations de leur contre-tournée par une correspondance générale avec tous les receveurs de leur division. Cette correspondance aura pour objet l'instruction des instances, le recouvrement des droits arriérés, et toutes les affaires qui intéresseront essentiellement la régie. Ils y développeront les principes, ordres et instructions qui auront fait le sujet de leurs conférences avec le directeur pendant leur séjour au chef-lieu du département.

ART. CCXVII.

Travaux essentiels des inspecteurs et ceux qui leur sont communs avec les vérificateurs.

Ils vérifieront sous tous les rapports la conduite du receveur auprès duquel ils seront envoyés ; ils s'attacheront particulièrement à reconnoître et détruire les abus, à donner au receveur les instructions nécessaires pour établir la régularité et l'uniformité des perceptions, à rassembler tous les titres et documens relatifs aux domaines nationaux ; à accélérer l'instruction et le jugement des instances ; enfin, à concourir au plus grand avantage des revenus de l'état par tous les moyens sages que leur zèle et leurs talens pourront leur indiquer.

Du reste, toutes les vérifications et opérations prescrites aux vérificateurs par les articles précédens, tant dans l'intérieur, qu'à l'extérieur des bureaux, étant communs aux inspecteurs, ils auront soin de s'y livrer entièrement, et d'en rendre compte par leurs journaux de travail.

Art. CCXVIII.

Ils sont chargés de la défense et de l'instruction des instances.

Ils doivent, en conformité de l'art. XIII de la loi du 27 mai 1791, défendre, dans les tribunaux de district de leur division, sur les instances qui s'y introduisent en vertu des ordres du directeur.

Ils agiront d'après les instructions que ce dernier leur transmettra, et signeront les réponses aux requêtes des parties. Ils adresseront, sans délai, ces réponses aux receveurs résidans près le tribunal du district où l'instance sera engagée avec les ordres et observations nécessaires.

Art. CCXIX.

Surveillance relative aux cautionnemens des receveurs de leur division.

Ils veilleront, dans tous les tems, à la solidité des cautionnemens fournis par les receveurs de leur division, soit relativement à l'existence des cautions, lorsqu'elles résideront dans l'étendue de leur inspection, soit par rapport à l'opposition aux hypothèques qui doit être renouvellée à l'expiration des trois années, soit enfin aux mutations et autres évènemens qui pourroient survenir dans la propriété des biens affectés auxdits cautionnemens.

Ils seront tenus tous les ans, au retour de leur tournée du mois de janvier, d'en remettre au directeur un état certifié, sous peine de demeurer responsables des non-valeurs opérées par leur négligence.

ART. CCXX.

Contre-vérification des sanctionnemens des employés autres que ceux de leur division.

Il leur sera remis par le directeur des extraits, tant des cautionnemens des employés dont les cautions seront domiciliées, ou auront hypothéqué des biens situés dans l'étendue de leur division, que des premières observations données par les receveurs ; et sur ces extraits, ils prendront les éclaircissemens nécessaires pour s'assurer de la solidité du cautionnement. Ils vérifieront, en outre, dans le bureau des hypothèques, les oppositions qui pourront subsister, et certifieront, sous leur responsabilité, au pied desdits extraits, le résultat de leurs recherches.

ART. CCXXI.

Surveillance relative aux personnes admises à travailler dans les bureaux.

Ils tiendront la main à ce que nul ne soit admis à travailler dans les bureaux de leur division, en qualité de surnuméraires, sans un ordre de l'administration expédié dans la forme usitée.

ART. CCXXII.

Durée des contre-tournées.

Les contre-tournées dureront sans interruption pendant les deux mois qui suivront chaque tournée de recouvrement.

ART. CCXXIII.

Journaux de travail.

Les inspecteurs fourniront quatre journaux de travail, de quinzaine en quinzaine, dans le cours de chaque contre-tournée ; ils les adresseront au directeur le lendemain de l'expiration de la quinzaine.

ART. CCXXIV.

ART. CCXXIV.

Ces journaux seront rédigés absolument dans les mêmes formes que celles prescrites aux vérificateurs, par les articles CLXIV, CLXV, CLXVI et CLXVII.

Rédaction des journaux.

ART. CCXXV.

Le dernier journal de la contre-tournée contiendra la récapitulation de toutes les opérations qui auront été faites pendant sa durée, et l'indication sommaire de celles qui resteront à faire. Les inspecteurs se conformeront entièrement à ce sujet à l'art. CLXVI.

Récapitulation générale pour le dernier journal.

ART. CCXXVI.

Les inspecteurs n'écriront directement à l'administration que dans les cas prévus par les ordres de régie qui les concernent, ou qui requerroient une grande célérité. Dans tous les autres, ils s'adresseront à leur directeur.

Correspondance.

Ils conserveront copie de leurs lettres, et les écriront à mi-marge, même leurs réponses, sauf à rappeller au commencement de la lettre, celle à laquelle ils répondent.

Ils auront soin d'écrire une lettre pour chaque question ou chaque affaire, et termineront par ces mots : *L'inspecteur de la régie nationale de l'enregistrement*, et signeront.

ART. CCXXVII.

POINTS DE DISCIPLINE *générale*.

DIRECTEURS.

Les inspecteurs ou les sous-directeurs de correspondance pourront seuls, après cinq années au moins d'exercice en

Conditions pour arriver aux places de directeurs.

N

ces qualités, être présentés pour les directions de la cinquième classe.

La régie ne présentera, pour les autres directions, que des directeurs de la classe précédente, ou des directeurs de correspondance, ayant au moins quatre ans de service dans ces qualités.

ART. CCXXVIII.

Serment.

Les directeurs ne pourront exercer leurs fonctions sans avoir, au préalable, prêté serment devant les juges du district du chef-lieu de leur département, conformément à l'art. VI de la loi du 1er juin 1791, et ils seront tenus d'envoyer à l'administration une expédition en forme de l'acte de prestation de leur serment.

ART. CCXXIX.

Cautionnement.

Ils fourniront également, avant d'entrer en fonctions, un cautionnement en immeubles de 20,000 liv.

ART. CCXXX.

Résidence et cas d'absence.

Ils seront tenus de demeurer dans la ville chef-lieu de leur département, et ils ne pourront s'absenter sans un congé, par écrit, de la régie, qui ne leur sera expédié que sous la condition expresse de perdre leurs traitemens et remises, après quinze jours d'absence, au prorata du tems qu'ils n'auront pas fait leur service.

ART. CCXXXI.

Leur premier soin sera de se présenter devant les corps administratifs et les municipalités, pour leur donner connoissance de leurs pouvoirs.

Visite aux corps administratifs.

ART. CCXXXII.

Ils les consulteront sur le quartier de la ville où il sera le plus convenable, pour le service public, de fixer leur demeure, afin d'éviter toutes réclamations contre l'emplacement de leurs bureaux.

Ils consulteront les corps administratifs sur le quartier de la ville où il conviendra de fixer leur demeure.

ART. CCXXXIII.

Le logement des directeurs sera disposé de manière à pouvoir y établir, 1°. le magasin des papiers, registres, sommiers, tables alphabétiques, états, comptereaux, et autres impressions nécessaires pour la régie; 2°. celui des papiers blancs destinés aux timbres, et des papiers timbrés, avec une séparation qui empêche la confusion de ces deux espèces de papiers; 3°. un bureau pour le garde-magasin et le receveur du timbre extraordinaire; 4°. un atelier pour les timbreurs et tourne-feuilles.

Le magasin des impressions et des papiers timbrés, etc. doit être dans la maison des directeurs.

ART. CCXXXIV.

Il est nécessaire que les pièces destinées à la manutention du timbre se trouvent près les unes des autres, en sorte que le garde-magasin soit à portée de ses papiers; que le

Distribution des pièces destinées à la manutention du timbre receveur du timbre extraordinaire ait avec lui une communication facile pour le contrôle des bulletins ; que l'attelier du timbre soit sous les yeux de ces deux employés ; que le public arrive aisément à ces différens bureaux et atteliers ; et que le directeur puisse les surveiller tous, de manière qu'aucun abus n'échappe à son attention.

Art. CCXXXV.

Les magasins seront fermés par trois serrures.

Les magasins seront fermés par trois serrures différentes : la clef de la première demeurera au directeur ; celle de la seconde au garde-magasin, et celle de la troisième au receveur du timbre extraordinaire.

Art. CCXXXVI.

Les timbres seront déposés dans un coffre à trois serrures.

Les timbres seront déposés dans un coffre ou armoire, également fermé par trois serrures différentes, de la première desquelles le directeur conservera la clef ; de la seconde, le garde-magasin ; et de la troisième, le receveur du timbre extraordinaire. Ce coffre ou armoire sera divisé en compartimens, pour y placer séparément chaque timbre avec une étiquette.

Art. CCXXXVII.

Les frais des loyers sont à la charge des directeurs.

Les frais de loyer de ces divers emplacemens seront à la charge des directeurs, sans aucune répétition, attendu qu'ils sont compris dans leur traitement, fixé par la loi du 27 mai 1791.

Art. CCXXXVIII.

Le feu, la lumière, et toutes les autres dépenses et fournitures, seront supportés par les employés du timbre.

Nature de frais qui doit être supportée par les employés du timbre.

Art. CCXXXIX.

Sont exceptés le coffre ou l'armoire garnis de ses trois serrures, qui renfermera le timbre, la table et les siéges du timbreur et du tourne-feuille ; le maillet avec les balles et l'encre pour timbrer ; les frais de paille, toiles, cordes et cire à cacheter pour les paquets et ballots qui sortiront des magasins, lesquels objets seront remboursés au garde-magasin en vertu d'ordres de dépense, expédiés par l'administration, sur le rapport des quittances des fournisseurs, visées par le directeur.

Objets qui seront remboursés par la régie.

Art. CCXL.

Les directeurs auront soin de pourvoir, chacun des receveurs de leur département, de tous les registres, sommiers et tables qui lui seront nécessaires pour la régie et perception des droits, après avoir coté et paraphé les registres destinés à l'enregistrement.

Approvisionnement des bureaux.

Art. CCXLI.

Ils enverront aux receveurs près des tribunaux de districts, dans le courant du mois de novembre de chaque année, des registres particuliers, pour y transcrire en entier les donations entre-vifs pendant l'année suivante, et ils

Envoi annuel à faire aux receveurs près des districts.

veilleront à ce que ces registres soient cotés et paraphés par le premier ou plus ancien juge du tribunal, et qu'ils soient clos, arrêtés et déposés, le tout dans la forme et de la manière prescrites par l'ordonnance du mois de février 1791, et la déclaration du 17 du même mois.

Ils se feront aussi fournir, à l'époque prescrite, des certificats des dépôts desdits régistres aux greffes des tribunaux de districts.

ART. CCXLII.

Ils ne peuvent établir, destituer ni suspendre aucuns employés.

Ils ne pourront établir, destituer ou suspendre de ses fonctions aucun préposé, sans un ordre par écrit de l'administration, si ce n'est en cas d'urgence, et à la charge d'en rendre compte sur-le-champ aux commissaires régisseurs.

ART. CCXLIII.

Ils ne peuvent accorder de congés.

Il leur est interdit d'autoriser aucune absence ni cessation de service de la part d'aucun des préposés de leur département, sans un ordre exprès et par écrit de l'administration.

ART. CCXLIV.

Ils doivent veiller à ce qu'aucun surnuméraire ne soit admis sans ordre de la régie.

Ils ne feront admettre aucun surnuméraire dans les bureaux, ni ne souffriront qu'il en soit admis par les receveurs, sans un ordre de l'administration expédié dans la forme usitée. Ils ne pourront aussi délivrer, en faveur d'aucun surnuméraire, des certificats de capacité,

Art. CCXLV.

Les directeurs ne feront aucun marché, ni adjudication de fournitures de papiers et registres, ou d'impressions. Ces actes seront toujours passés au rabais, après affiches et publications, en présence du directoire du département, conformément aux articles LX et LXI de la loi du 27 mai 1791.

Les directeurs ne peuvent faire aucun marché ni adjudication de fournitures.

Art. CCXLVI.

Ils ne feront ni ne renouvelleront aucuns baux des domaines nationaux, ces actes ne pouvant être faits qu'à la chaleur des enchères, devant le directoire des districts, de la situation des biens, à la diligence des préposés de la régie, dans la forme et aux conditions prescrites par la loi du 5 septembre 1790, et par l'art. VIII de celle du 12 septembre 1791.

Ils ne peuvent faire ni renouveller aucuns baux.

Art. CCXLVII.

Ils ne pourront accorder aucunes remises ni modérations de droits et amendes, ni ordonner de laisser des droits en souffrance, à peine d'en répondre et d'en compter personnellement.

Ils ne peuvent faire aucune remise ni modération de droits et amendes.

Art. CCXLVIII.

Les fonctions des directeurs se divisent en six parties principales : le maintien des règles de la régie et des principes de la perception, la correspondance, le contentieux, la comptabilité, l'envoi périodique des expéditions, et la surveillance générale.

Leurs fonctions divisées en six parties principales.

MAINTIEN *des règles de la Régie et des principes de la perception.*

Art. CCXLIX.

Etats des nominations des employés à remettre aux corps administratifs et municipaux.

Les directeurs, au nom des commissaires-régisseurs, donneront, à mesure des nominations, aux directoires des corps administratifs et aux municipalités, l'état des employés nommés par la régie, qui exerceront leurs fonctions dans leur territoire, et en certifieront à l'administration.

Art. CCL.

Compte à rendre à la régie relativement aux employés.

Ils rendront compte, à chaque trimestre, à l'administration, des talens, de l'assiduité et des services de chacun des préposés de leur département, conformément à l'art. XXXV de la loi du 27 mai 1791.

Art. CCLI.

Tenir la main à ce que chaque employé soit à son poste.

Ils auront soin qu'aucune partie du service ne souffre, en obligeant, chaque employé d'être à son poste. En cas de maladie ou d'absence d'aucun d'eux, ils en informeront sur-le-champ la régie, et feront remplacer provisoirement les inspecteurs par les vérificateurs, et les receveurs par les surnuméraires, à moins que l'importance du bureau ou d'autres motifs n'exigent la présence d'un employé supérieur.

Art. CCLII.

Mémoire de tournées et de contre-tournées.

Ils rédigeront, avant l'époque de la tournée et de la contre-tournée des inspecteurs, des mémoires dans lesquels ils inscriront,

criront, par ordre de date, toutes les lettres circulaires et et les solutions des questions générales qui leur auront été adressées par la régie pendant l'intervalle d'un trimestre à un autre, et ils y ajouteront les ordres et instructions particulières qu'ils jugeront nécessaires au bien du service.

Copies de ces mémoires seront remises aux inspecteurs avant leur départ pour la tournée ou contre-tournée. Les directeurs en enverront également aux vérificateurs, et en feront passer une ampliation aux régisseurs.

Art. CCLIII.

Ils examineront les journaux des employés supérieurs à mesure qu'ils les recevront; et après les avoir émargés de leurs observations, ils les numéroteront et les feront transcrire en entier, par suite de numéro, sur le sommier indiqué par l'article CCLVIII ci-après; ils les enverront ensuite à l'administration.

Examen des journaux de travail.

Art. CCLIV.

Ils examineront de même les états de vices de perceptions à mesure qu'ils leur parviendront; et après en avoir émargé chaque article de leurs observations, ils les feront transcrire en entier sur le sommier prescrit par l'article CCLVIII, et les enverront sans différer à la régie, pour avoir ses solutions.

Examen des états de vices de perception.

Art. CCLV.

Ils formeront, au commencement de chaque mois, en se servant des imprimés destinés à cet usage, un état des

États des procès-verbaux.

procès-verbaux qui leur auront été adressés par les préposés de leur département, pendant le mois précédent, et l'adresseront de suite à la régie, ou à défaut, un certificat négatif. Ils auront soin, lorsque l'ampliation en aura été renvoyée avec les décisions de l'administration, d'émarger en conséquence le sommier dont il sera parlé à la fin de l'art. CCLVIII.

ART. CCLVI.

Feuilles de renvois.

Ils veilleront à ce que les inspecteurs leur rapportent, à la fin de chaque tournée, les feuilles de renvois d'un bureau à un autre, qui auront dû être remis par les receveurs, conformément à l'art. LXXXI ci-devant, ou un certificat négatif signé d'eux et du receveur.

Si, dans le nombre des articles, il s'en trouve qui regardent d'autres départemens, les directeurs en enverront un état à la régie.

ART. CCLVII.

Renvois des donations entre-vifs aux bureaux près des districts.

Ils veilleront aussi à ce que les receveurs de cantons renvoient avec soin aux bureaux établis près les districts, tous les actes de donations entrevifs sujets à la formalité prescrite par l'ordonnance de 1731.

ART. CCLVIII.

Registres et sommiers à établir.

Les directeurs établiront dans leurs bureaux les registres et sommiers ci-après.

Registre des circulaires.

1°. Un registre des circulaires. Elles y seront transcrites

en entier par ordre de date et de numéro, et apostillées d'une note qui indiquera l'objet de la lettre, et servira à la formation de la table alphabétique.

2°. Un registre pour y porter, par extrait et par ordre alphabétique des matières, lesdites circulaires, et toutes les solutions données par la régie aux questions générales qui lui auront été proposées par lettres ou mémoires, et sur lesquelles les directeurs auront fourni leurs observations. Table alphabétique des circulaires.

3°. Un sommier des arrondissemens des bureaux du département. Il sera tenu *feuille ouverte*, et distribué par ordre alphabétique de bureaux. Sommier des arrondissemens.

Il y aura une feuille pour chaque bureau. En tête de la feuille on écrira, en gros caractères, le nom du bureau, et on indiquera au-dessous, 1°. si c'est un chef-lieu de directoire ou de tribunal de district, ou un chef-lieu de canton d'un tel district; 2°. l'énumération des produits dont le receveur aura la régie; 3°. leur quotité annuelle; 4°. les remises, année commune de trois.

La page gauche servira à inscrire les noms des paroisses et hameaux qui composent l'arrondissement, et ceux des notaires, greffiers et huissiers y résidans. A la page droite, divisée en deux parties, on fera connoître dans l'une les changemens que les arrondissemens auront pu éprouver successivement, et dans l'autre, les noms des receveurs et la date de leur nomination.

4°. Un sommier des employés du département. On commencera par les inspecteurs, vérificateurs, garde-magasin Sommier des employés.

et receveur du timbre extraordinaire. On inscrira ensuite les receveurs par ordre alphabétique de bureaux. On destinera une feuille à chaque employé, et cette feuille sera à mi-marge.

La marge droite servira à indiquer les noms de famille et patronimiques de l'employé, la date et le lieu de sa naissance, l'époque de son admission dans un bureau en qualité de surnuméraire, et celles de son entrée en exercice des emplois par lesquels il aura successivement passé.

La marge gauche sera destinée aux notes périodiques qui seront données sur son compte, et à y rappeler les témoignages de satisfaction ou de mécontentement qui lui auront été donnés.

Lors de la mutation de l'employé, on en fera mention; ensuite l'article sera rayé, et on en établira un autre dans la même forme pour son successeur.

Les dernières feuilles de ce sommier seront réservées pour y porter, à la suite les uns des autres, en forme d'état, et par ordre d'ancienneté d'exercice du premier emploi, les receveurs aspirans à leur avancement. Cet état indiquera seulement le nom de l'employé et le folio où il sera inscrit.

Sommier des surnuméraires.

5°. Un sommier des surnuméraires du département. Il sera tenu à mi-marge, par ordre de numéro et d'ancienneté des surnuméraires, en observant que l'ancienneté doit dater du jour de l'admission dans le bureau, et non de celui de l'ordre de surnuméraire, conformément à l'article III ci-devant.

A la marge droite, on indiquera les noms de famille et patronimiques du surnuméraire, la date et le lieu de sa naissance, le nom du bureau auquel il est attaché et l'époque de son admission.

On portera à la marge gauche les notes périodiques, données sur son compte, jusqu'au moment où il sera placé. Alors, il sera inscrit sur le sommier précédent et rayé sur celui-ci, après avoir fait mention de la date de sa nomination et du nom du bureau qui lui aura été confié.

Ce sommier sera terminé par une table alphabétique sous les noms propres des surnuméraires, avec indication de la page où ils sont inscrits.

Sommier des journaux de travail.

6°. Un sommier pour y transcrire les journaux de travail des employés. Il sera divisé par colonnes, dans la même forme que les imprimés servant à ces journaux, et les directeurs auront soin de remplir celles destinées à leurs observations et aux décisions de la régie.

Sommier des vices de perception.

7°. Un sommier pour les vices de perception relevés par les mêmes employés; ce sommier sera divisé également par colonnes dans la forme des imprimés des états de forcement et de restitutions, en y ajoutant cependant deux colonnes, l'une pour y indiquer la date de l'enregistrement des supplémens, et l'autre celle de l'exécution des restitutions.

Sommier des droits certains.

8°. Un sommier tenu par ordre alphabétique de bureaux, et par suite de N°. sur lequel seront inscrits les articles de droits certains de toute nature subsistans sur les sommiers des bureaux de département, autres que ceux désignés ci-après, et dont les directeurs se feront remettre à la fin de chaque trimestre un relevé exact par les inspecteurs lors de leur travail avec ces employés sur cet objet, au retour de leurs tournées de recouvrement en conformité de l'art. CCXII ci-devant.

Ce sommier sera tenu à mi-marge. La droite servira à la transcription des articles. A la gauche on indiquera le N° du sommier du bureau et celui de la direction; suivront immédiatement les observations énonciatives des poursuites et diligences qui auront été faites, des ordres et instructions que les employés supérieurs et le directeur auront donnés successivement, de la date du payement du droit ou de celle de l'ordre d'abandonner.

Les articles seront rayés à mesure de leur consommation; et quand la confusion commencera à s'introduire, il sera fait une refonte dans la forme indiquée par l'art. CXXII ci-devant.

Enfin on aura l'attention lorsqu'il s'engagera une instance sur un article, d'en faire une mention à la marge et de le rayer après l'avoir reporté sur le sommier des instances prescrit ci-après.

Sommier des domaines.

9°. Un sommier de tous les domaines corporels appartenans à la nation, à quelque titre que ce soit, dans l'étendue du département.

Sommier des droits incorporels.

10°. Un sommier des droits incorporels dépendans des domaines nationaux.

Sommier des baux.

11°. Un sommier des baux des domaines affermés.

12°. Un sommier des prix des rachats liquidés et non acquités pour servir de compte ouvert avec les particuliers qui se sont affranchis. Sommier des rachats.

13°. Un sommier des prix des adjudications des bois nationaux qui servira de compte ouvert avec les adjudicataires. Sommier des bois.

Ces cinq derniers sommiers seront également tenus par ordre alphabétique de bureaux et par suite de N°. Ils seront d'ailleurs dans la même forme que celle prescrite à l'égard des receveurs par l'article LXXXIII, ci-devant, de manière qu'ils y correspondent parfaitement, et que les directeurs soient à même de suivre toutes les opérations des employés, de leur donner les ordres et instructions nécessaires, et de rendre compte de la situation de chaque objet à la régie.

En cas de retard de la part des débiteurs de droits dépendans des domaines ou des adjudicataires des bois nationaux, ils décerneront des contraintes qui doivent être visées par le président du tribunal du district de la situation des biens, sur la représentation d'un extrait du titre obligatoire du débiteur, et ils en feront suivre l'exécution par les voies ordinaires. Contraintes à décerner contre les débiteurs de droits dépendans des domaines nationaux.

Enfin ils disposeront un sommier pour y enregistrer tous les procès-verbeaux qui leur seront adressés par les différens employés de leur département. Sommier des procès-verbaux.

Ce sommier sera tenu à mi-marge et par série de N°. A la droite on indiquera, en tête, la date du procès-verbal le nom de l'employé qui l'aura rédigé, les nom et demeure du contrevenant et la nature de la contravention.

A la marge gauche on inscrira le N°. du sommier des bureaux, les noms du district et du bureau, la date des ordres du directeur, celle des décisions de la régie, des poursuites et diligences faites en conséquence et celle du payement des droits et amendes.

Chaque article sera rayé ensuite, soit que la partie ait terminé à l'amiable, soit que l'affaire ait été portée devant les tribunaux, attendu, que dans ce cas, l'article doit être consigné sur le sommier des instances dont il sera parlé ci-après.

CORRESPONDANCE.

Art. CCLIX.

Mode à observer dans les lettres.

Les directeurs entretiendront avec l'administration une correspondance active et suivie sur toutes les affaires de leur département.

Chacune de leurs lettres, dont ils conserveront copie, sera à mi-marge, et numérotée en tête de la marge gauche, avec une indication précise de l'objet de la lettre.

Ils en écriront une pour chaque affaire ou question, et ils termineront par ces mots : *le Directeur de la Régie nationale de l'enregistrement et des domaines*, et signeront.

Art. CCLX.

Délais dans lesquels ils doivent répondre.

Lorsque les directeurs recevront de l'administration une lettre à laquelle ils pourront répondre en entrant dans les détails qu'elle exigera, sans avoir besoin d'autres renseignemens que ceux qu'ils pourront recueillir dans leurs propres bureaux ou dans les bureaux et dépôts publics exis-

tans

tans au lieu de leur résidence, ils auront soin d'y répondre dans la huitaine de la réception, et même plutôt si l'objet requiert célérité.

Si la demande exige au contraire une correspondance intermédiaire avec quelques préposés ou autres personnes qui ne soient pas résidans au chef-lieu du département, ils écriront au reçu de la lettre pour se procurer les éclaircissemens nécessaires et seront tenus de satisfaire à la demande dans la quinzaine, ou d'exposer les motifs qui s'y opposeroient, sans pouvoir s'en dispenser sous aucun prétexte.

Art. CCLXI.

Mêmes mesures à observer vis-à-vis des employés et des particuliers.

Ils apporteront la même exactitude dans leur correspondance soit avec les préposés de la régie, soit avec des particuliers pour des objets relatifs à la régie.

Art. CCLXII.

Economie dans les frais de ports.

Pour obtenir le plus d'économie possible dans les frais de ports, ils n'employeront qu'une demi-feuille lorsqu'une feuille entière ne sera pas absolument nécessaire, et ils renfermeront plusieurs lettres sous une même enveloppe; ou s'ils n'en envoyent qu'une seule, ils la cacheteront de manière que la rupture du cachet n'emporte pas une partie de l'écriture.

Quant aux lettres qui, soit par leur contenu, soit par les pièces qui doivent y être jointes, formeroient un volume un peu considérable, ils les comprendront, lorsque rien ne requerra célérité, dans les paquets contenant les autres expéditions qu'ils feront passer par la messagerie.

Art. CCLXIII.

Registre de correspondance.

Les directeurs, pour faciliter leur correspondance, et y entretenir l'ordre et l'exactitude nécessaire, établiront dans leurs bureaux un registre dans la forme qui suit.

Mode dans la tenue du registre de correspondance.

Ce registre intitulé *registre de correspondance* sera tenu à mi-marge, les directeurs y inscriront par série de N°. toutes les affaires qu'ils traiteront par lettres.

Chaque page ne devra contenir que deux articles. A la marge droite ils indiqueront les noms et demeures des parties et la nature de l'affaire. A la gauche ils mettront en tête le N° de l'art., et immédiatement au-dessous ils feront un extrait très-succint des lettres qui auront été écrites successivement sur l'affaire, en tel nombre qu'elles soient, et suivant l'ordre de leur date.

Lorsqu'il s'introduira une instance sur un desdits articles, il en sera fait mention à la marge gauche, ainsi que du N°. sous lequel cette instance aura été consignée sur le sommier y relatif.

On réservera à la fin du registre quelques feuilles pour y inscrire, à la suite les unes des autres, par ordre de date, les affaires urgentes et autres objets essentiels qui demanderont d'être suivis avec beaucoup d'activité et d'attention. Il suffira dans cette section particulière du registre de rappeler seulement les noms des parties et le N° sous lequel l'affaire aura été enregistrée. Les directeurs ne manqueront pas de se mettre souvent ces articles sous les yeux afin d'écrire, lorsqu'il sera nécessaire, des lettres de mouvement aux employés de leur département.

Le registre sera terminé par une table alphabétique qui présentera tous les articles y contenus par les noms des parties, et à défaut, par la nature de l'affaire.

Cette table doit être faite à mesure des enregistremens des articles; et lorsqu'une affaire sera consommée il faudra rayer l'article sur le registre.

Art. CCLXIV.

CONTENTIEUX.

Soins et vigilance des directeurs relativement aux instances.

Il a été établi par les articles XCII, XCIII, CLXI, CLXXVIII et CCXVIII ci-devant, comment les receveurs vérificateurs et inspecteurs concourroient respectivement à la défense et à obtenir le jugement des affaires en instance devant les tribunaux.

Ce concours a été ordonné pour le plus grand avantage de cette partie essentielle de la régie, mais le succès repose particulièrement sur la vigilance et les instructions des directeurs.

Art. CCLXV.

Eclaircissemens préliminaires.

Lorsque l'état de la question à traiter ne sera pas assez éclairci, ils écriront sans délai au receveur pour lui demander les extraits ou copies d'actes et les détails dont ils auront besoin; et s'il leur reste des doutes ils en référeront sur-le-champ à l'administration.

ART. CCLXVI.

Cas où les directeurs défendront personnellement.

Si l'instance est engagée au tribunal de leur résidence, ils disposeront et signeront les réponses aux requêtes ou mémoires des parties et solliciteront un prompt jugement.

ART. CCLXVII.

Cas où ils renverront les moyens de défense aux employés du département.

A l'égard des instances engagées dans les autres tribunaux, ils prépareront les moyens de défense et les adresseront soit à l'inspecteur de la division, soit au vérificateur qui pourra se trouver près du tribunal, soit au receveur du chef-lieu du district, avec les ordres et observations nécessaires. Ils se feront rendre compte ensuite du résultat des diligences de ces employés et du jugement qui sera intervenu.

ART. CCLXVIII.

Exécution des jugemens.

Ils veilleront à ce que tous les jugemens soient suivis de la plus prompte exécution, sans pouvoir être différés sous aucun prétexte, sauf les réserves de droit dans le cas où le jugement ne paroîtroit pas conforme à la loi.

ART. CCLXIX.

Sommier des instances.

Ils tiendront un sommier dans la forme prescrite par l'art. CLXXVIII rappellé ci-dessus, et y inscriront toutes les affaires en instance dont les receveurs de leur département doivent leur envoyer dans le plus court délai, conformément à l'art. XCII, les actes introductifs, avec les pièces, observations et renseignemens nécessaires pour la discussion.

ART. CCLXX.

Envois des dossiers à la régie lorsqu'il y aura lieu de se pourvoir en cassation.

Dans le cas où la régie estimera qu'un jugement est contraire à la loi, et où elle aura demandé aux directeurs de lui faire passer le dossier de l'affaire pour se pourvoir au tribunal de cassation, ils l'adresseront sans le moindre retardement, après avoir fait mention sur le sommier, à la marge de l'article, de la date de l'envoi; et lorsque ce tribunal aura prononcé, ils inscriront sur la même marge les dispositions de son jugement, dont ils seront instruits par l'administration.

ART. CCLXXI.

Etats des instances et des jugemens.

Ils rédigeront, dans les premiers jours de chaque mois, sur les imprimés destinés à cet objet, l'état des instances engagées dans les tribunaux de district de leur département, et celui des jugemens intervenus pendant le mois précédent, et les enverront sans différer à la régie, ou, à défaut, un certificat négatif.

ART. CCLXXII.

Etats des affaires terminées et de celles instruites.

Ils formeront encore et adresseront à l'administration, mais à la fin de chaque quartier seulement, deux autres états; l'un des affaires anciennes et nouvelles abandonnées ou terminées à l'amiable pendant le quartier précédent; et l'autre, de celles, tant anciennes que nouvelles, qu'ils auront instruites pendant le même quartier.

Dans ces états, ils indiqueront seulement le numéro sous lequel l'affaire est portée sur le sommier des instances, et les noms des parties. Sur le premier état, ils ajouteront les motifs de l'abandon de l'article, ou le montant du droit et la date du payement; et sur le second, les moyens de défense qu'ils auront fait valoir.

COMPTABILITÉ.

ART. CCLXXIII.

Registre des frais de réparation des biens nationaux.

Ils tiendront, en conformité de l'article XI de la loi du 12 septembre 1791, un registre où ils enregistreront, par suite de numéros, toutes les sommes payées par les receveurs des chefs-lieux de district, pour les réparations des biens nationaux, sur les ordonnances des directoires de département.

ART. CCLXXIV.

Registre de recette et dépense des fournitures de registres.

Ils tiendront encore, aux termes de l'art. VI de la loi du 27 mai 1791, un registre journal de recette et dépense, des papiers, registres, sommiers, tables alphabétiques, états, comptereaux, et autres impressions nécessaires au service de leur direction, afin de pouvoir justifier en tout temps de la consommation et des restans en nature de ces objets.

ART. CCLXXV.

Cautionnemens à faire fournir par les employés avant de commencer leurs fonctions.

Ils auront soin de faire fournir aux employés de leur département, les cautionnemens ou supplémens de cautionnemens ordonnés par la loi. Ils s'assureront que les actes ont été rédigés suivant les modèles imprimés qui leur ont été envoyés par la régie, et que le montant du cautionnement s'élève au taux fixé par la loi.

ART. CCLXXVI.

Opposition aux hypothèques sur les biens affectés aux cautionnemens.

Ils se feront remettre, avec chaque cautionnement, l'original de l'acte d'opposition qui aura été fait à la requête des commissaires-régisseurs, dans les mains du conservateur des hypothèques, sur les biens affectés au cautionnement, et ils veilleront à ce que cette opposition soit renouvellée trois mois avant l'époque de sa prescription.

ART. CCLXXVII.

Vérification des cautionnemens à faire faire par les receveurs.

Lorsque les biens hypothéqués seront situés dans l'étendue de leur département, ils enverront aux receveurs du bureau de la situation, un extrait circonstancié du cautionnement, afin qu'ils vérifient si les biens appartiennent réellement à la caution; s'ils sont francs et quittes de dettes et hypothèques, et si l'évaluation qui en a été faite est exacte.

Dans le cas où la caution auroit sa résidence dans le département, ils feroient prendre, par le receveur établi près d'elle, les informations nécessaires pour s'assurer si elle est solvable, et si la nature de ses affaires ne laisse aucune inquiétude.

ART. CCLXXVIII.

Contre vérifications des cautionnemens à

A la réception des observations des receveurs, les directeurs les adresseront à l'inspecteur dans la division duquel prescrire aux inspecteurs.

ces receveurs seront établis, afin qu'il en vérifie de son côté l'exactitude, et qu'il se rende certain, auprès du conservateur des hypothèques du district de la situation des biens, du nombre des oppositions qui pourroient subsister sur lesdits biens.

Art. CCLXXIX.

Vérification des cautionnemens des employés autres que ceux de leur département.

Les directeurs procéderont dans la même forme à la vérification des cautionnemens dont les extraits leur seront adressés, tant par l'administiation, que par les autres régies nationales.

Art. CCLXXX.

Extraits de ces cautionnemens à envoyer aux directeurs des autres départemens.

Lorsque les cautions des employés de leur département auront leur domicile, ou que les biens hypothéqués seront situés dans un autre département, ils feront passer des extraits des actes de cautionnemens au directeur, dans le département duquel la caution aura sa résidence, ou les biens leur assiète, afin qu'il puisse en faire faire la vérification, et ils auront soin de demander le résultat de cette vérification.

Art. CCLXXXI.

Sommier des cautionnemens.

Ils établiront un sommier à mi-marge, sur lequel seront consignés les cautionnemens de tous les employés du département, en commençant par les préposés supérieurs.

Il sera réservé une feuille pour chaque employé. La marge droite contiendra l'extrait du cautionnement; la gauche, la date de l'opposition, la mention du certificat des vérifications

tions et contre-vérifications, et la date de l'échéance, tant du cautionnement, que de l'opposition.

On portera à la suite les cautionnemens des successeurs et les supplémens.

Le sommier sera terminé par une table alphabétique, sous les noms propres des employés, avec indication du folio où ils seront inscrits.

ART. CCLXXXII.

Etats de mois des receveurs.

Ils tiendront soigneusement la main à ce que les receveurs leur envoyent par le premier courier, après l'expiration du mois, l'état des produits de leurs bureaux pendant le mois précédent; et à ce que cet état soit rédigé dans la forme prescrite par l'art. LXVI ci-devant.

Ils feront ensuite à ces receveurs les observations dont leur état sera susceptible, et en enverront copie à l'administration.

ART. CCLXXXIII.

Etats généraux de produits et des versemens.

Ils formeront l'état général des produits du département par ordre de district et de bureaux, en se servant des imprimés qui sont destinés à cet usage.

ART. CCLXXXIV.

Versemens à faire par les receveurs.

Ils veilleront à ce que les receveurs près des districts, soient exacts à verser, à la fin de chaque semaine, le montant de leurs recettes, entre les mains des trésoriers, en mêmes espèces et valeurs qu'ils auront reçues des redevables, et à ce qu'ils accompagnent ces versemens de bordereaux dans la forme prescrite. En cas de retard, les directeurs en informeront la régie, et provisoirement ils feront vérifier la comptabilité de ces receveurs, et leur feront fermer la main si les circonstances l'exigent.

Art. CCLXXXV.

Surveillance relative aux receveurs de cantons.

Ils veilleront aussi à la sûreté des deniers dans les mains des receveurs de cantons. Ils empêcheront que des fonds considérables séjournent dans leurs caisses ; et si par les états de mois de ces receveurs, ils reconnoissoient qu'ils eussent fait quelques recettes extraordinaires, ils ordonneroient à l'inspecteur de se transporter sans délai dans leur bureau, et de faire effectuer le versement desdites recettes à la caisse de district, sans attendre l'époque ordinaire de la tournée de recouvrement.

Art. CCLXXXVI.

Dépenses à allouer.

Les directeurs s'occuperont de la vérification des comptes des inspecteurs au moment de leur arrivée à la direction. Ils n'alloueront, dans leurs comptes, que les dépenses légalement autorisées, et sur des pièces revêtues des formes prescrites, telles qu'elles sont mentionnées aux art. LXIX, LXX, LXXI, LXXII, LXXIII, LXXIV et LXXV ci-devant, à peine d'en demeurer responsables.

Art. CCLXXXVII.

Récépissés des trésoriers de districts.

La partie la plus importante des dépenses consiste dans les récépissés des trésoriers de districts. Les directeurs auront attention qu'il ne s'introduise aucune confusion entre les recettes et dépenses d'un district et celles d'un autre.

Ils veilleront également à ce que, lors des versemens aux caisses de districts, les imputations des sommes destinées au trésor national, et de celles appartenantes à la caisse de l'extraordinaire, soient faites avec exactitude, et que les récépissés des trésoriers pour ces deux objets, soient distincts et séparés.

Art. CCLXXXVIII.

Ils viseront les quittances des traitemens des employés supérieurs et des préposés du timbre, et certifieront la réalité et la durée de leurs services.

Quittances des traitemens des employés supérieurs et préposés du timbre.

Ils ne passeront ces traitemens qu'à compter du jour de l'installation et jusqu'à celui de la cessation du service.

Art. CCLXXXIX.

Ils arrêteront les comptes des inspecteurs au plus tard le dernier jour du mois de la tournée; ils tiendront la main à ce que ces employés partent pour la contre-tournée le premier jour du mois suivant.

Epoque de l'arrêté des comptes des inspecteurs.

Art. CCXC.

En cas de débet de la part de ces employés, ils décerneront des contraintes qu'ils leur feront signifier, ainsi qu'à leurs cautions; ils les suspendront même de leurs fonctions si les circonstances l'exigent, et ils feront faire ensuite

Contraintes à décerner contre les inspecteurs en débet.

toutes les poursuites que l'intérêt national rendra nécessaires en en informant sur-le-champ la régie.

ART. CCXCI.

Etats des erreurs de calculs, etc.

Ils remettront à ces employés, avant leur départ, 1°. un état des erreurs de calcul et omissions de recettes relevées dans les comptereaux, afin qu'ils puissent en faire compter les receveurs ; 2°. les feuilles de renvois à faire vérifier ; 3° les comptereaux, états, et autres imprimés nécessaires à la tournée.

ART. CCXCXII.

Bordereau général des produits et compte au quartier.

Immédiatement après l'arrêté des comptes des inspecteurs à la révolution de chaque quartier, les directeurs disposeront le bordereau général des produits ; et dans le cours du mois suivant, ils rédigeront le compte général des recettes et dépenses de leur département.

ART. CCXCXIII.

Enumération des cartons à établir.

Les directeurs, pour l'ordre et la conservation des titres, minutes, expéditions et pièces dépendans de leur direction, établiront dans leurs bureaux les cartons qui vont être indiqués.

1°. *Loix.*

Elles seront placées simplement par ordre de date sans distinction de matières, en indiquant sur le devant du carton la date de la première loi et celle de la dernière qui y sera renfermée.

2°. *Circulaires.*

Elles seront rangées dans le carton par ordre de date et de N°.

3°. *Mémoires de tournées et contre-tournées.*

Ils seront placés par ordre de date.

4°. *Inventaires des registres, etc.*

On y renfermera les doubles des inventaires des registres, sommiers etc, des bureaux du département.

Ils seront placés suivant l'ordre alphabétique des bureaux.

5°. *Impressions.*

On y déposera tous les modèles d'impressions à l'usage de la régie par ordre de leur N°.

6°. *Titres concernant les domaines nationaux.*

Il y aura une chemise pour chaque domaine, et on y joindra les états et renseignemens relatifs.

Les chemises seront rangées par ordre alphabétique sous le nom des domaines.

7°. *Correspondance.*

L'arrangement des lettres dans ce carton doit s'accorder parfaitement avec la tenue du registre, c'est-à-dire qu'on ne doit pas y placer les lettres séparément par ordre de leur date et du N°. qu'elles portent, mais au contraire les réunir dans autant de chemises qu'il y aura d'articles sur ledit registre en mettant sur chaque chemise le N° de l'article.

On indiquera sur le devant du carton le premier et le dernier N°. des articles qu'il renfermera.

8°. *Mémoires ou requêtes aux tribunaux de district.*

Chaque mémoire ou requête sera renfermé avec les pièces y relatives dans une chemise sur laquelle seront inscrits les noms du district, du bureau, des parties, et successivement la date et le dispositif du jugement, ou la date de l'ordre de la régie d'abandonner l'affaire.

On suivra dans le placement l'ordre des dates des mémoires ou requêtes, et chaque chemise sera numérotée.

9°. *Frais de régie.*

Ce carton contiendra les loix, décisions et arrêtés concernant les frais de régie.

On les placera par ordre de date, en indiquant sur le devant du carton la date de la première loi ou décision, et celle de la dernière qui y sera renfermée.

10°. *Etats généraux de produits*, etc.

On renfermera dans ce carton, indépendamment de ces états, tous les bordereaux et les copies de journaux de recette et dépense et des états de comparaison des inspecteurs, en les séparant par une chemise étiquetée dans laquelle on classera lesdites pièces par ordre de quinzaine de mois et de quartier.

11°. *Cautionnemens.*

Les expéditions des cautionnemens des receveurs et employés du timbre seront placées suivant l'ordre alphabétique des bureaux.

La minute des états généraux et supplémentaires tant de ces cautionnemens que de ceux des employés supérieurs dont les expéditions ont été envoyées à la régie, les actes d'oppositions et toutes les pièces relatives seront renfermées dans le même carton.

12°. *Comptes.*

On y déposera les doubles des comptes des directeurs

arrêtés par la régle ; chacun de ces comptes, avec les pièces y annexées, sera placé par ordre de trimestre.

13°. *Marchés et traités.*

Les doubles des marchés par adjudication, pour les approvisionnemens des papiers destinés au timbre, seront renfermés, par ordre de date, dans une chemise étiquetée.

Il en sera usé de même, à l'égard des traités, pour les fournitures de registres et impressions.

Art. CCXCIV.

ENVOI *périodique des expéditions.*

Le bien du service exige, de la part des directeurs, l'envoi périodique et rigoureusement exact des expéditions ci-après détaillées, aux époques fixées et déterminées ainsi qu'il suit :

1er *et 16 de chaque mois.*

Les journaux de travail des employés supérieurs qui leur seront parvenus pendant la quinzaine précédente, apostillés de leurs observations, avec les états de vices de perception et autres pièces annexées ou relatives.

11 *de chaque mois.*

L'état général des produits du mois précédent divisé par ordre alphabétique de districts et de bureaux, avec l'addition particulière des produits de chaque district ;

L'état des procès-verbaux adressés à la direction ;

Celui des instances engagées ;

Et celui des jugemens rendus.

Dernier jour de chaque mois.

Les états de produits des bureaux des receveurs, adressés aux directeurs pour le mois précédent, avec la copie des observations du directeur.

1er janvier, avril, juillet et octobre.

Les copies des mémoires d'ordres et instructions de tournées ;

L'état des affaires instruites ;

Celui des affaires abandonnées ou terminées à l'amiable ;

Celui de tous les employés du département, avec les observations du directeur sur chacun d'eux ;

Les états des papiers restans en nature à ces époques, tant dans les magasins blanc et noir de la direction, que dans les bureaux de distribution, à la date du précédent arrêté des inspecteurs, avec un apperçu de la consommation présumée par année de chaque espèce de papier timbré, dans l'étendue du département, et l'indication des mesures prises pour assurer le service ;

Les états des impressions de toute nature relatives au service de la régie qui existeront dans le magasin, avec les observations du directeur sur celles à renouveller ;

1er février, mai, août et novembre.

Les copies des mémoires d'ordres et instructions de contre-tournées ;

Les états des receveurs aspirans à leur avancement, et des surnuméraires,

surnuméraires, qui leur auront été remis par les inspecteurs au retour de leur tournée, et dont les directeurs rempliront la colonne destinée à leurs observations, sur les talens, l'assiduité, les services, et la conduite de chacun desdits employés et surnuméraires.

15 *février, mai, août et novembre.*

Le bordereau général des recettes et dépenses du quartier précédent, relevées sur les comptereaux remis par les inspecteurs ;

Les états de vices de perception remis par les inspecteurs au retour de leur tournée, apostillés des observations du directeur.

1er *mai.*

Les certificats de dépôts des registres des donations entre-vifs aux greffes des tribunaux de districts.

1er *mars, juin, septembre et décembre.*

Les trois expéditions du compte général du directeur, des produits du quartier précédent, avec les comptes et comptereaux des inspecteurs, et toutes les pièces de dépenses y relatives.

ART. CCXCV.

SURVEILLANCE *générale.*

Exécution des ordres de régie.

Les directeurs, ayant sous leurs ordres et surveillance tous les employés de leur département, ils doivent prendre une entière connoissance de toutes les obligations que la loi et les ordres généraux et particuliers de régie imposent à ces employés, afin de pouvoir tenir constamment la main à ce qu'ils les remplissent avec exactitude ; et en cas de transgressions, il est de leur devoir d'en rendre compte aux commissaires-régisseurs. Ils s'assureront particulièrement de l'exécution des ordres contenus dans l'instruction imprimée, concernant la manutention du timbre, et transmise aux employés au mois de juin 1791.

Instructions.

Ils s'attacheront à leur donner toutes les instructions que l'intérêt de la régie exigera.

Exécution des loix relatives à la perception.

Ils veilleront et feront veiller à ce que la perception soit faite en conformité des loix, et à ce que les notaires, greffiers et huissiers contrevenans soient poursuivis et condamnés aux peines par eux encourues.

Correspondance entre les différens préposés.

Ils chercheront, par tous les moyens qui dépendent d'eux, à établir une correspondance active et suivie entre tous les préposés, sur les différens objets auxquels ils doivent des soins respectifs, et se feront rendre compte du résultat ; de manière que toutes les parties de l'administration soient sans cesse sous leurs yeux, et qu'aucun abus n'échappe à leur vigilance.

Sûreté des deniers.

La sûreté des deniers, déposés dans les mains des receveurs et des inspecteurs, doit d'autant plus fixer l'attention des directeurs, qu'ils seroient comptables des sommes que ces employés pourroient faire perdre à la nation par leur défaut de surveillance. Ils doivent donc remplir et faire remplir toutes les obligations et formalités prescrites par les présens ordres de régie, relativement aux cautionnemens, aux versemens dans les caisses de districts, aux différentes pièces de dépense, et aux contraintes à décerner contre les employés reliquataires.

Enfin, les directeurs, en exerçant avec fermeté et prudence, sur les préposés de leur département, les pouvoirs que l'administration leur a confiés, doivent sur-tout être jaloux de leur donner l'exemple du travail, et de la soumission aux loix et aux autorités constituées.

F I N.

ERRATA.

Page 2, Art. V, *ligne* 3, Ils seront, sous ses ordres immédiats, tenus, etc. *lisez* Ils seront sous ses ordres immédiats, et tenus.

Page 4, Art. 15, *ligne* 7, ou par tout autre motif; *lisez* ou pour tout autre motif.

Page 53, *lignes* 1 *et* 2, ils cesseront de jouir émolumens; *lisez* ils cesseront de jouir de leurs émolumens.

DE L'IMPRIMERIE DE DU PONT,
Imprimeur de la Régie Nationale. 1792.

www.ingramcontent.com/pod-product-compliance
Lightning Source LLC
Chambersburg PA
CBHW062018200326
41519CB00017B/4834
9782014496871